LES RÈGLES D'OR DE L'ACCUEIL

Éditions d'Organisation
1, rue Thénard
75240 Paris Cedex 05
Connectez vous sur notre site :
www.editions-organisation.com

Chez le même éditeur :

- Lother J. Seiwert, *Maîtrisez votre temps*
- Sarah Famery, *Savoir dire non*
- Sarah Famery, *Avoir confiance en soi*
- Philippe Crinelli, *Réussir au pluriel, agir en indépendance*
- Sophie de Menthon, *Mieux utiliser le téléphone*
- Guyette Lyr, *Intervenir en public*

© Éditions d'Organisation, 2000
ISBN : 2-7081-2416-1

Catherine CUDICIO

LES RÈGLES D'OR
DE L'ACCUEIL

**Éditions
d'Organisation**

Du même auteur aux Editions d'Organisation :

- *Comprendre la PNL, La programmation neurolinguistique, outil de la communication.*

- *Maîtrisez l'art de la PNL, Programmation neurolinguistique.*

- *PNL et communication, La dimension créative.*

- *Mieux vendre avec la PNL, Des stratégies pour convaincre.*

- *La PNL, Programmation neurolinguistique. Mémento EO.*

- *Développement personnel : Le guide.*

- *Déchiffrez votre moi, Les clés d'accès de votre code existentiel.*

L'ouvrage en une page

Sommaire

Un diagnostic approfondi des situations d'accueil...

Pour aboutir à un accueil réussi

Introduction

Point de départ de toute relation humaine, l'accueil donne d'emblée le ton de l'interaction. Ces quelques instants prennent une importance déterminante quand on sait qu'ils construisent la première impression autant en situation profesionnelle que privée. Quand on mesure à quel point la première impression influence le devenir de toute relation humaine, on commence à discerner les multiples enjeux de l'accueil. Observations et réflexions à propos d'accueil doivent se situer dans le cadre relationnel, qu'on s'intéresse aux lieux d'accueil, à la signalétique, ou encore aux fonctions spécifiques de ce poste de travail.

Autrement dit, si on perd de vue que l'accueil s'inscrit dans une relation humaine, on risque de se mettre hors jeu ! Notre univers technologique, nos préoccupations de rendement, d'efficacité, de rationalité se confrontent inéluctablement à la dimension humaine de toute activité, et par conséquent à cette brève phase d'accueil, dont nous allons ensemble explorer différents aspects à travers ces pages.

Ce livre s'adresse bien sûr aux personnes chargées de l'accueil dans le cadre de leurs fonctions, mais aussi à **celles qui suivent une formation en ce sens ou la dispensent**. En effet, le formateur y trouvera les éléments et les informations nécessaires pour enrichir sa pratique des stages d'accueil. Le **cadre responsable** de l'organisation de l'accueil pourra également tirer profit de cette lecture qui offre des moyens d'analyse et d'action des situations et des besoins spécifiques d'accueil.

L'accueil, c'est d'abord une fonction, un processus, un service qui consiste à recevoir les gens venus de l'extérieur et à les diriger ou les guider de manière à ce qu'ils trouvent ce qu'ils sont venus chercher. Cette fonction ne reçoit pas toujours toute l'attention qu'elle devrait, dans certains cas, elle se trouve parfois même négligée. Pourtant, si l'on rencontre encore des entreprises ou des institutions dépourvues d'accueil, ceci semble devenir de plus en plus rare. On comprend qu'à l'heure de la communication, dans un contexte où l'image prend une importance déterminante, il soit nécessaire de tout mettre en œuvre pour l'améliorer, la faire valoir, la transmettre. L'accueil prend en effet une part non négligeable dans la construction de l'image de l'établissement, de l'institution, ou de l'entreprise.

L'accueil, c'est aussi le site où se déroule le processus évoqué plus haut, et qui abrite aussi parfois d'autres services, standard téléphonique, secrétariat, voire salle d'attente dans certains cas. Il est intéressant d'observer les choix appliqués en matière d'accueil, la taille du site, l'organisation de celui-ci, le partage ou non du site avec une autre activité, enfin l'ambiance que créent ces éléments à l'intention du visiteur.

Mais, la dimension fondamentale de l'accueil, c'est bien sûr la personne qui en est chargée ! En effet, elle peut, par son attitude transmettre une image positive ou négative de l'établissement, faciliter les choses ou les rendre impossibles à son interlocuteur. Il apparaît clairement que ce poste requiert des qualités spécifiques dont on ne saurait se passer pour réussir l'accueil. Une forte motivation semble également indispensable car la tâche est parfois délicate face à certains interlocuteurs.

Dans ce livre, nous allons considérer l'accueil comme un processus dont la première étape est une image : celle que découvre le client, l'usager, le visiteur lorsqu'il accède au site. Puis, à travers l'organisation de l'accueil, tant au plan matériel (décoration, agencement, position par rapport à l'ensemble, etc), qu'au plan relationnel, nous allons entrer en contact avec l'ambiance ainsi créée.

Tour à tour, il nous arrive d'être visiteur, client, usager, touriste, patient, ces différents rôles justifient un accueil particulier. Les attentes varient, les réponses aussi.

A partir de situations observées nous proposons au lecteur d'entrer dans les coulisses de l'accueil et d'en maîtriser les règles. Nous allons effectuer un parcours à travers différents établissements, de l'administration à l'office de tourisme en passant par le service public, l'hôpital, la grande entreprise, etc... Toutes les situations d'accueil présentent des ressemblances et des dissemblances, notre but est de les montrer, les expliquer pour permettre au lecteur de comprendre rapidement les objectifs, les enjeux et les moyens à mettre en œuvre selon la situation d'accueil.
Comme nous présentons dans la première partie, des exemples de situations d'accueil dans des contextes particuliers, administration, hôpital, gares, commerce, banque, grande entreprise, etc. il est tout à fait possible au lecteur de commencer par le chapitre qui concerne son activité. La lecture des autres exemples peut en effet être différée, voire éludée si on est très pressé ! La seconde partie du

livre offre une synthèse des observations précédentes, et par conséquent peut être lue rapidement afin de formaliser les premières impressions recueillies aux cours des exemples et de leur analyse. En effet, à l'issue de chaque série d'exemple, le lecteur trouvera un questionnaire qui lui permettra de faire le point sur ce qu'il a observé et ressenti. Le formateur pourra utiliser ces questionnaires comme outil d'investigation à l'issue de jeux de rôles ou de d'observations de terrain.

Chaque situation d'accueil présente des particularités, qu'on soit client ou usager, l'attente et la demande varient. En effet, on n'attend pas la même chose en se présentant à l'accueil d'une administration, à celui d'une agence de voyage ou encore de l'hôpital. C'est pourquoi il est très important de ne pas se tromper pour prendre en charge chaque demande dans la situation particulière où se situe l'accueil. Nos questionnaires sont également conçus pour permettre au lecteur d'identifier avec pertinence les caractères propres de la situation d'accueil.

Un diagnostic approfondi des situations d'accueil...

Dans cette partie nous allons trouver des exemples « pris sur le vif » caractéristiques des contextes étudiés. A l'issue de chaque série d'exemples, se situent d'abord les questions au lecteur, elles ont pour but de l'aider à formuler sa première impression, ensuite nous proposons une étude des points forts, des points faibles, et nous incitons le lecteur à réfléchir sur quelques questions et lui suggérons une grille d'analyse pour mieux comprendre objectifs et enjeux de chaque exemple d'accueil.

Les questions au lecteur sont construites en fonction de chaque situation d'accueil, certaines se retrouvent d'un contexte à l'autre, d'autres non, en revanche, la grille d'analyse demeure constante.

Cette réflexion portera d'abord sur la situation afin de cerner les grandes lignes de ses fonctions, et de son image.

La grille
de lecture

La grille d'analyse s'organise de la manière suivante :

– **Définir** la situation, en la situant par rapport à ses fonctions et ses buts. Les questions utilisées se résument ainsi :

– *De quoi s'agit-il, comment peut-on définir cette situation ? (administration, entreprise, office de tourisme, etc...)*

– *Quelle est sa fonction ? Que produit ce contexte particulier ?*

– *À qui cela sert-il ? Quels sont les intérêts en jeu dans le fonctionnement ? À qui profite cette activité ?*

– *Comment le visiteur, le client, l'usager, perçoit-il la situation ? Quelle est son image auprès du public ?*

- *Quels sont les besoins générés par cette situation en termes d'accueil ?*

– L' **Observation qualitative des exemples** présentés utilise les questions et les critères suivants :

- *Accueil et accessibilité du site, de l'information*

- *Le temps passé au bureau d'accueil est-il justifié ? Par la qualité du service, celle de la relation... ?*

- *Le visiteur pouvait-il se passer de cette phase d'accueil ?*

- *L'accueil répond-il aux besoins produits par ce contexte particulier ? Site, résultats, et relation d'accueil sont-ils adaptés aux attentes du public ?*

Cette dernière question permet ensuite de passer à la synthèse de l'étude de cas :

– *Points forts, points faibles : qualité, adaptation.*

– *Que faut-il retenir pour l'application ?*

L'analyse des situations de l'accueil

1 - L'accueil dans une administration

L'accueil sur site administratif bien qu'il tende très nettement vers une amélioration de la qualité, semble parfois encore quelque peu caricatural. Les exemples qui suivent ont été observés dans différentes administrations situées dans des agglomérations urbaines importantes.

En effet, dans de petites villes, la relation d'accueil est très différente, car le plus souvent personnalisée. L'agent chargé de l'accueil du public connaît quasiment tous ses interlocuteurs par leur nom. Toutefois, comme ces situations ne représentent pas la majorité des cas elles ne seront pas étudiées en détails ici.

ºₒₒ⟩⟩ *Pris sur le vif*

Exemple 1

L'imposant bâtiment aux fenêtres munies de solides barreaux est entouré d'une pelouse qu'il faut traverser en empruntant les allées prévues à cet effet. On n'a pas économisé les pancartes d'interdiction ! Danièle franchit les portes qu'elle pousse avec peine, et se retrouve dans une sorte de sas, deux portes automatiques s'ouvrent alors bruyamment devant elle, révélant la caméra vidéo qui filme chaque visiteur. L'accueil trône au milieu d'une vaste pièce entourée de différents bureaux séparés les uns des autres par des vitres.

Danièle prend place dans la queue et observe. Les visiteurs s'approchent d'une sorte de comptoir très haut, sur lequel il est impossible de poser ses mains à moins d'être très grand. Un agent est assis derrière. Un tableau lumineux à messages défilant indique la date, l'heure, les différents services proposés. Les gens quittent ensuite cet accueil pour prendre place dans une autre queue après s'être munis d'un ticket numéroté.

Environ vingt minutes plus tard, Danièle voit son tour arriver :

– *Bonjour Monsieur !*

– C'est pour quoi ? répond l'agent.

– Je viens chercher un imprimé 712B

– Revenez demain, guichet B.

– Mais enfin pourquoi ?

– Le guichet ferme à 17 H, là c'est complet. Bon c'est à qui ?

Pressée par les gens qui la suivent, Danièle s'éloigne, mécontente et frustrée, elle regarde sa montre, il est 16 H 45, en sortant, elle observe que les bureaux ferment à 17 H. Pourtant, elle est arrivée plus d'une demi-heure avant la fermeture. Elle jette un dernier coup d'œil derrière elle, le tableau lumineux lui indique que le guichet A délivre aussi les imprimés administratifs dont elle a besoin. Elle aurait mieux fait d'y aller directement pense-t-elle ; il ne lui reste plus qu'à revenir et éviter le comptoir d'accueil, cela ira plus vite.

Exemple 2

Pour accéder aux locaux, il faut d'abord gravir un escalier, franchir une passerelle jetée sur des douves où stagne une eau trouble et peu décorative. Yves parvient enfin à la porte d'entrée, il l'ouvre, et doit attendre dans une sorte de sas. Il lui faut sonner pour qu'on lui ouvre enfin la seconde porte, exactement comme à la banque, se dit-il.

A l'intérieur, il fait sombre, la lumière du jour pénètre mal à travers les vitres teintées. Le bureau d'accueil se situe dans un coin encore plus sombre sous l'énorme escalier en colimaçon dépourvu de contre-marches. En le voyant arriver, l'hôtesse quitte à regret la collègue avec qui elle parlait.

– *Bonjour Madame !*

– *Bonjour ! C'est pour quoi ?*

– *J'ai rendez-vous avec Monsieur Bouvreuil, pouvez-vous m'annoncer s'il vous plaît ?*

– *Avez-vous une pièce d'identité ?*

– *Oui.*

– *Donnez-la moi.*

Elle se met alors à énoncer tous les renseignements indiqués sur la carte d'identité tout en saisissant les informations sur le clavier d'un ordinateur.

– *Lemerle, c'est bien votre nom ?*

– *Oui*

– *Et c'est votre adresse là ?*

– *Oui.*

– *Votre numéro de téléphone ?*

– *Je n'ai pas le téléphone. Yves ment car il ne veut pas donner son numéro inscrit en liste rouge.*

– *Ça ne va pas !*

– *Qu'est-ce qui ne va pas ?*

– *Je ne peux pas faire ma fiche si je n'ai pas le numéro de téléphone.*

– *Pouvez-vous m'annoncer auprès de Monsieur Bouvreuil ?
reprend Yves, légèrement agacé, je suis déjà venu il y a un
mois environ, vous devez avoir une fiche.*

– *C'est possible, mais le temps de rechercher... De toute façon, je
dois quand même faire une fiche à chaque visite, c'est le règlement, et tant qu'elle n'est pas remplie je ne peux rien faire !*

– *Si je vous donne le numéro de téléphone de mon lieu de travail,
cela ira ?*

– *N'importe quel numéro, pourvu que tout soit rempli !*

Yves lui donne le numéro de son chef de service. Le manè-
ge dure encore quelques minutes, enfin, la fiche est enfin
remplie.

Yves est dirigé vers une salle d'attente. Puis, la même
hôtesse vient le chercher, l'accompagne au bas de l'escalier.

– *Le bureau de Monsieur Bouvreuil est au quatrième étage, couloir B, numéro 32 Bis à droite. Veuillez signer le registre des
visites.*

Yves pousse un soupir de soulagement, il s'en sort bien,
l'opération n'a duré qu'un petit quart d'heure. Une fois,
cela lui a pris près d'une heure car il y avait une file d'attente !

Exemple 3

Karine sort du bus, juste devant l'entrée du bâtiment. Elle
se dirige vers l'escalier qui conduit aux portes, elle les franchit sous l'œil de la caméra vidéo puis cherche l'accueil.

Elle s'étonne de ne pas trouver un bureau, un guichet, enfin quelque chose qui ressemble à un accueil, lorsqu'une dame à l'air sévère traverse le hall et s'arrête devant elle.

– *Vous cherchez quelque chose ?*
– *Oui, j'ai besoin d'un certificat pour un transfert de dossier.*
– *Ce n'est pas à vous de venir le chercher, c'est l'établissement scolaire qui s'en charge.*
– *Pourtant, le directeur du collège m'envoie ici, d'ailleurs, il m'a donné un formulaire !*

Karine sort le papier de son sac, la dame y jette un coup d'œil avant d'affirmer :

– *C'est bien ce que je pensais ! Un établissement privé... Dit-elle d'un air entendu en haussant les épaules. Je vais vois si ma collègue peut vous recevoir, autrement, il faudra prendre rendez-vous et revenir !*

La dame disparaît derrière une porte, puis revient :
– *6ème étage, dernier bureau au fond du couloir, l'ascenseur est à droite !*

QUIZZ

Questions au lecteur :

I – Avez-vous reconnu des situations vécues ?

    1 – en tant qu'usager ? oui/non ☐

    2 – en tant qu'acteur ? oui/non ☐

II – En tant qu'usager, qu'avez-vous ressenti ?

    1 – de la satisfaction ☐

    2 – de l'indifférence ☐

    3 – de l'agacement ☐

    4 – un net mécontentement ☐

III – En tant qu'acteur, que voudriez-vous changer ?

    1 – le site   oui/non

    2 – la rigidité des formalités   oui/non

    3 – prendre votre temps   oui/non

    4 – plus de contact avec le public   oui/non

    5 – moins de contact avec le public   oui/non

IV – En tant qu'usager qu'aimeriez-vous changer ?

    1 – le site   oui/non

    2 – la rigidité des formalités   oui/non

    3 – prendre votre temps   oui/non

    4 – être mieux écouté   oui/non

    5 – être mieux informé   oui/non

V – Quel est votre avis sur le comportement des interlocuteurs (plusieurs réponses sont possibles, indiquez celles qui reflètent le mieux votre impression)

1 – je n'apprécie pas du tout leur façon d'accueillir ☐

2 – je suis indifférent et ne m'attends pas à autre chose ☐

3 – ils essaient de faire leur travail mieux ☐

4 – ils ne s'intéressent pas vraiment à mon cas ☐

5 – ils correspondent tout à fait à ce que j'attends ☐

VI – Quels points faibles relevez-vous ?

1 – le manque de rapidité ☐

2 – la difficulté d'accès aux informations ☐

3 – la lourdeur des formalités ☐

4 – le manque d'amabilité ☐

VII – Dans l'idéal, que voudriez-vous ? (classez vos réponses par priorité)

1 – qu'on prenne le temps de vous expliquer ☐

2 – qu'on abrège les formalités ☐

3 – qu'on écoute mieux votre demande ☐

4 – qu'on soit aimable et souriant ☐

5 – qu'on vous conseille utilement ☐

VII – **Parmi les phrases suivantes, lesquelles approuvez-vous ?**

1 – je déteste avoir affaire à l'administration ☐

2 – l'administration, c'est toujours très long et très compliqué ☐

3 – je préfère utiliser le minitel ou l'internet pour régler mes démarches administratives ☐

4 – l'administration cherche toujours à améliorer ses relations avec les usagers ☐

5 – Les formalités sont de moins en moins longues et compliquées ☐

Nos commentaires en fonction de la grille d'analyse

• *Définir la situation*

Qu'est-ce qu'une administration ? On pourrait dire de façon un peu simpliste qu'il s'agit d'un outil au service du pouvoir politique élu. En effet, grâce à l'administration, le pouvoir fait appliquer les lois, organise le service public, collecte des fonds, les utilise, et exerce de multiples contrôles à chaque étape.

Cette définition minimale nous aide à mieux cerner le rôle de l'administration. Ainsi, toute activité sociale se trouve soumise à des démarches administratives plus ou moins compliquées et pesantes, le plus souvent assorties de taxes.

À quoi sert une administration. Quelle est sa fonction ? Que produit-elle ?

La nécessité d'une organisation ne fait aucun doute, cependant, chacun la préférerait légère, économique et peu contraignante ! L'administration, par son rôle de contrôle, permet aux personnes et aux organisations de se mettre en règle vis à vis des lois. Elle délivre des certificats, des agréments, des pièces d'identité, valide des statuts, des décisions, et aux yeux du grand public, l'administration sert pour l'essentiel à produire **une paperasse indispensable** mais pourtant souvent mal vécue. L'aspect positif de cela réside en l'autentification d'un fait. Seule l'administration peut valider un fait concernant par exemple l'état civil, l'immatriculation des véhicules, la reconnaissance d'une entreprise, pour ne citer que les plus habituels, et ce pouvoir de validation est aussi une sorte de reconnaissance de l'existence des gens en tant que citoyens et membres de la société. Il suffit d'observer la détresse induite par l'absence de « papiers » pour comprendre la valeur réelle de cette prétendue « paperasse ».

L'écrit représente l'outil majeur de l'administration, bien qu'elle ne se prive pas d'utiliser d'autres moyens d'information et de communication, serveurs télématiques, sites internet, notamment. Il est possible aujourd'hui d'effectuer certaines démarches administratives chez soi, via internet, malgré tout, ce sera un document écrit qui viendra valider le processus, la démarche.

À cette utilisation de l'écrit correspond aussi un langage spécifique, un jargon d'initié dont le sens échappe à l'individu.

Quels sont les intérêts en jeu dans le fonctionnement de l'administration ? A qui profite cette activité ?

Nous avons dit plus haut que l'administration était en quelque sorte l'outil du pouvoir, nous pourrions donc penser qu'il est le principal bénéficiaire de ses activités. Les choses sont un peu moins simples quand on considère le nombre important de personnes qui en vivent, qui y travaillent directement et indirectement. Toute ces personnes sont bien entendu partie prenante dans les intérêts en jeu lors du fonctionnement de l'administration ; une analyse plus approfondie ne saurait faire l'économie de cette dimension humaine. Certains polémistes vont jusqu'à affirmer que l'administration sert en premier l'intérêt de ses fonctionnaires, mais, nous ne saurions adopter une telle position sans risquer un évident manque de réalisme.

Comment le visiteur, le client, l'usager, perçoit-il l'administration ? Quelle est son image auprès du public ?

Du fait de sa fonction d'application des lois, de l'utilisation de l'écrit comme outil majeur, de son langage particulier, l'administration véhicule une image de **sérieux**, et de **lenteur**, de **complication**. L'individu se sent souvent démuni face à ces éléments d'autant plus que sa relation avec l'administration s'inscrit dans le cadre de lourdes incompréhensions de part et d'autre.

Dans certains services administratifs, on ne dialogue pas avec des gens identifiés, mais avec le public, l'usager, le contribuable, le redevable. L'administration n'a rien à vendre, elle ne se trouve jamais dans une position d'infériorité puisqu'elle représente et valide les décisions du politique. Inversement, les personnes qui ont affaire à elle, se trouvent toujours dans une position de demande, d'attente, de soumission !

L'individuel disparaît au profit du collectif. Le règlement est le même pour tous, et personne ne le conteste, sauf lorsqu'on se trouve dans une situation particulière. Par exemple, on ne comprend pas le sens d'un courrier que l'administration envoie et l'on craint d'être victime d'une erreur coûteuse.

La difficulté d'effectuer l'accueil sur site administratif apparaît clairement à l'examen de ces conditions spécifiques.

Quels sont les besoins particuliers pour l'accueil en site administratif ?

Le visiteur qui se présente au bureau d'accueil d'une administration attend en général une information claire et accessible. Dans bien des cas, il a reçu un « papier » auquel il ne « comprend rien », et vient chercher des explications. Dans d'autres cas, il vient effectuer des formalités indispensables, papiers d'identité, activité professionnelle, immatriculation de véhicule, etc... et souhaite expédier cela le plus vite possible pour ne pas « perdre de temps avec de la paperasse ». Nous utilisons à dessein ces expressions pour montrer comment elles participent à la construction d'une image spécifique de l'administration. Même si les contre-exemples de rapidité, de compétence, de qualité abondent, les idées reçues possèdent une incroyable longévité. Le visiteur qui se présente dans une administration sait également que dans ce site, il ne sera pas pris en charge comme une personne, mais une série de numéros, un dossier devant contenir certains papiers, etc...

Les besoins du public se résument essentiellement à une information claire, un service rapide.

A l'extrême, l'agent n'a pas besoin d'être gentil et souriant, par contre, il lui faut, pour remplir son rôle, savoir se montrer rapide et compétent, c'est ainsi qu'il valorise l'image de l'institution, combat les préjugés et facilite les démarches de l'administré !

Accueil et accessibilité du site, de l'information

L'accueil commence en fait par l'**accès au site**. Dans bien des cas, les bâtiments administratifs sont imposants par leur taille et leur disposition. Même s'ils se révèlent souvent insuffisants, manque de place, vétusté, etc... ils s'abritent au cœur des villes derrière d'anciennes façades, monuments historiques, hôtels particuliers, qui offrent une image de prestige et de pouvoir. Les constructions neuves n'échappent pas aux critères de leurs aînées. Un immeuble qui abrite une administration, qu'il soit ancien ou contemporain, offre la plupart du temps une façade austère, imposante, offrant aux regards une image de force et ne laissant rien deviner de ce qui se trouve à l'intérieur.

L'observation des sites, effectuée de l'extérieur, montre à l'évidence au visiteur à qui il s'adresse ! L'accessibilité n'est pas toujours la préoccupation majeure, d'ailleurs, à juste titre puisque bon nombre d'administrations n'ouvre pas leurs portes au public. Pour celles qui le font, l'accessibilité est généralement respectée, mais, il suffit d'écouter le témoignage de personnes handicapées pour comprendre que les choses pourraient être améliorées. Ce n'est pas tout d'arriver à entrer dans le bâtiment, encore faut-il pouvoir s'adresser à l'agent, à moitié caché derrière son guichet, son comptoir, ou sa vitre, et ceci est extrêmement difficile à une personne à mobilité réduite ou de petite taille.

Les trois exemples cités montrent que l'**accès au site** est loin d'être facile : jeu de piste au milieu des pelouses, escaliers, sas, tous ces éléments participent à placer le visiteur dans une position plus ou moins inconfortable.

L'accès au site, cette fois à l'intérieur est intéressant également car il révèle d'une part la place accordée à la fonction d'accueil, d'autre part **la manière dont on considère le visiteur.**

Dans **l'exemple 1**, l'accueil ne sert qu'à diriger les gens vers le bon guichet, et il semble que les informations soient à la portée du visiteur sur le tableau lumineux.

Si cet accueil ne sert qu'à indiquer au visiteur où se diriger, pourquoi y a-t-il autant d'attente ? On peut imaginer facilement qu'il y a beaucoup de monde et une seule personne chargée de l'accueil. D'autre part, beaucoup de gens tendent à expliquer ce qu'ils veulent à la première personne rencontrée, en l'occurrence, au bureau d'accueil, et cela crée un engorgement si le guichet est prévu pour que la durée moyenne de passage n'excède pas quinze secondes !

Une importante file d'attente indique toujours une évaluation erronée de la situation : trop de monde, pas assez de personnel, tâche qui dure trop longtemps par rapport au besoin réel du poste d'accueil.

Dans **l'exemple 2** l'accueil semble relégué dans un coin, il y a un bureau d'accueil parce que c'est indispensable, mais on s'en passerait bien si on pouvait ! C'est ce qu'on peut lire dans le message de communication contenu dans l'ensemble des éléments : localisation du bureau, comportement de l'hôtesse, etc. L'accueil ne délivre pas d'information, à part la situation d'un bureau, en revanche, l'accueil exige beaucoup d'informations de la part du visiteur. Le peu d'informations disponibles passe cependant toujours par l'accueil. Même ayant rendez-vous avec une personne sur le site, l'hôtesse remplit une fiche de renseignements, et ce semble-t-il même si le visiteur est déjà venu !

Ici, c'est le formalisme qui est en cause, il peut causer un dysfonctionnement dans la gestion du flux du public et provoquer une file d'attente.

Dans **l'exemple 3** il n'y a pas de site spécifique pour l'accueil, le visiteur semble déranger, d'ailleurs, la personne qui accueille la visiteuse le lui fait remarquer presque immédiatement. Il s'agit à l'évidence d'une administration qui n'accueille le public que de façon très occasionnelle, il n'y a donc pas de structure destinée exclusivement à cette fonction. On ne parlera donc pas d'accessibilité pour cet exemple, pas plus pour le site que les informations, en revanche, la demande est très rapidement dirigée, l'absence de formalisme justifie cette rapidité.

Le temps passé au bureau d'accueil est-il justifié ?
Par la qualité du service, celle de la relation... ?

Dans **l'exemple 1**, l'attente est d'autant plus injustifiée que les informations obtenues à l'accueil sont également accessibles sur des supports, et surtout que l'attente au guichet d'accueil fait perdre un temps précieux à la visiteuse. Pendant qu'elle attend, le guichet où elle doit se rendre ferme en raison de l'heure.

Cette situation semble caricaturale, pourtant, elle est en fait assez banale. La notion de temps n'étant pas la même pour tous les intervenants de l'interaction.

Dans **l'exemple 2**, le temps passé à l'accueil est utilisé pour compléter une fiche, il n'y a pas d'attente. Cependant, comme il s'agit d'une seconde visite, on comprend mal la nécessité d'établir une seconde fiche. Là encore les critères varient selon les parties. L'hôtesse tient à jouer son rôle, pour ce faire, elle exécute à la lettre les directives qu'on lui donne; le visiteur, dont on peut deviner qu'il sait utiliser un ordinateur, s'interroge sur la nécessité de refaire la même fiche à chaque visite.

D'autre part, dans ce dernier exemple, l'hôtesse divulgue à qui veut l'entendre les renseignements inscrits sur la pièce d'identité du visiteur. Est-ce bien nécessaire ?

Dans **l'exemple 3**, l'interaction d'accueil dure quelques secondes, il y a pas de temps perdu, pourtant, la visiteuse ressent une certaine gêne : le sentiment que sa démarche n'est pas bien acceptée. D'une part, on lui fait remarquer qu'elle ne devrait pas venir, d'autre part, son interlocutrice se permet un commentaire sur le type même de la demande.

Le **critère de temps** participe pleinement à la qualité de l'accueil, surtout que la personne ne se rend pas par plaisir sur le site administratif ! Lorsque les démarches peuvent s'effectuer de chez soi, la personne s'organise, accepte de devoir parfois patienter au téléphone. Le temps d'attente n'est pas vécu de la même façon. La file d'attente en revanche est d'autant plus mal vécue que la personne se trouve dans une situation instable.

Le **critère d'efficacité** tient également une place prépondérante, on l'observe chaque fois qu'un renseignement clair, précis et immédiatement utilisable est donné qui permet à la personne de trouver rapidement ce qu'elle est venue chercher.

La **compétence de la personne** chargée d'accueillir les visiteurs est généralement mesurée de deux façons différentes. Pour le visiteur, plus la personne est capable de régler directement et rapidement les problèmes, et plus il la considère comme compétente. D'un autre côté, sa hiérarchie dit qu'elle joue parfaitement son rôle quand elle applique strictement les directives données et ses pairs la trouvent compétente dans la mesure où elle ne cherche pas à prendre la place de quelqu'un d'autre. Réussir à ce poste demande aussi une bonne dose de diplomatie !

Le visiteur pouvait-il se passer de cette phase d'accueil ?

Dans **l'exemple 1**, le visiteur pouvait parfaitement se passer de la phase d'accueil. Il n'en va pas de même dans les autres exemples, pour le second, il ne peut échapper aux formalités d'entrée, pour le troisième, il est impossible à la visiteuse de trouver le service auquel elle doit adresser sa demande sans passer par une tierce personne. Cette question devrait toujours être évoquée lorsqu'on organise un service d'accueil afin de déterminer au plus juste les tâches qu'on doit y effectuer.

– *L'accueil répond-il aux besoins produits par ce contexte particulier ? Site, résultats, et relation d'accueil sont-ils adaptés aux attentes du public ?*

Nous avons montré plus haut la disposition des différents sites, et, bien que dans l'ensemble, l'accessibilité soit respectée, elle ne se trouve pas toujours facilitée. **L'exemple 1** surtout nous semble mal adapté aux besoins du public. Les dimensions du comptoir masquent partiellement l'agent qui y est installé, ce qui gêne considérablement le dialogue et met les visiteurs en position d'infériorité. Quand il y a beaucoup d'affluence, ce dispositif augmente encore la tension, et cette fois, c'est l'agent qui peut se sentir mal à l'aise. Visiblement, ce comptoir d'accueil n'est efficace que si chaque visiteur n'y transite que quelques secondes, à partir d'un certain laps de temps, cela devient une gêne tangible.

Dans **l'exemple 2**, un bureau est réservé à l'accueil. Cette fois, le visiteur ne reste pas debout, mais se place au bureau de l'hôtesse. La durée moyenne de la tâche à accomplir se situe aux alentours de dix minutes ce qui justifie l'organisation de ce site. Par contre, ce bureau est caché sous l'escalier dans un coin sombre, ce qui ne donne pas une très bonne image de l'accueil.

Dans l'**exemple 3**, le site est accessible, l'accueil se fait de façon informelle, debout au milieu du hall. Encore une fois, ce n'est intéressant que si cela va très vite.

Les différents besoins en termes d'accueil
d'un visiteur ou d'un usager de l'administration
se résument donc ainsi : **information claire,
donnée rapidement et facilement accessible.**

En examinant les trois exemples, nous observons qu'au cours de chacun d'eux, une information est délivrée.

Dans le **premier exemple** il s'agit d'une information destinée à diriger le visiteur, à la fois sur le site et sur l'horaire à respecter. Lorsque la personne tente de poser une question, elle n'est cependant pas reçue car l'agent, quelque peu submergé par l'affluence, passe à la personne suivante.

Dans le **second exemple**, le visiteur a rendez-vous, souhaite qu'on l'annonce et veut savoir où aller. Quand il arrive, il s'inscrit dans un rôle actif, mais se retrouve en situation de passivité, questionné pour le fichier ! En fait, c'est le visiteur qui fournit des informations, comme dans l'exemple précédent, s'il pose des questions, certaines ne sont pas reçues. Dans cet exemple, on observe parfaitement bien que l'important n'est pas de faciliter la tâche au visiteur, mais de respecter les procédures de l'établissement.

Dans **l'exemple 3**, les informations sont données très rapidement, la remarque de la visiteuse est prise en compte car la personne qui l'accueille prend la peine d'examiner le document de la visiteuse. Même si le climat relationnel demeure relativement froid, la visiteuse va trouver rapidement ce qu'elle est venue chercher.

Points forts, points faibles : qualité, adaptation.

Les points forts peuvent être compris de différentes manières selon qu'on se place du côté du visiteur ou bien en face, et nous rencontrerons ce problème à chaque étude de cas, c'est pourquoi, il semble utile de définir quelques critères communs à chaque partie.ces critères communs pourront être retenus alors comme des points forts.

La rapidité souvent citée comme un critère de qualité partage les faveurs de chaque partie, le visiteur ne veut pas perdre son temps, l'administration souhaite que l'ordre règne et que le flux des visiteurs soit bien maîtrisé.

Or ce critère de rapidité, c'est un comble, se trouve le mieux satisfait dans **l'exemple 3**, où il n'y a pas de site spécifique d'accueil ! C'est que la personne qui occupe le bureau donnant sur le hall d'entrée semble parfaitement rodée à ce type d'exercice. Elle analyse rapidement la demande et dirige la visiteuse, l'ensemble de leur interaction dure à peine une minute.

Est-ce à dire qu'il ne faut pas de service d'accueil ? Certainement pas, la seule question que soulève ce cas, c'est celui de la formation de la personne chargée d'accueillir les visiteurs.

> Une hôtesse bien formée, à la fois à l'accueil
> et à la connaissance de l'établissement accomplit
> sa mission avec compétence et rapidité.

La compétence de la personne chargée de l'accueil peut également être considérée comme un critère de qualité commun puisqu'elle fait gagner du temps, à la fois au visiteur à qui on donne les renseignements dont il a besoin, mais aussi à l'établissement. Un visiteur mal dirigé peut très bien être amené à exposer son problème à plusieurs agents avant qu'on lui indique le service qui peut le prendre en charge !

Les **points faibles** résultent toujours d'un mauvais fonctionnement, et d'une inadaptation du service aux besoins des visiteurs.

– **La file d'attente** est souvent citée en premier comme désagrément.

– **La difficulté de trouver des explications claires**. Souvent en effet, l'interlocuteur répond aux questions en termes spécifiques dont le sens échappe au public non initié. Cette difficulté provient aussi d'une incompréhension des interlocuteurs. Dans l'exemple 2, l'hôtesse ne se préoccupe pas vraiment de la demande du visiteur, mais bien plutôt de compléter sa fiche.

– **Le formalisme**, c'est encore dans le second exemple qu'il apparaît le mieux. Le visiteur a de quoi se sentir mal à l'aise car, on ne répond pas à ses questions, il disparaît en tant qu'individu pour n'exister que sous forme de fiche !

Les règles d'or pour l'application dans le cas d'une administration

Il s'agit d'abord de mesurer l'importance d'un accueil satisfaisant pour chacun, et celle d'un accueil qui fonctionne mal, provoque des files d'attente, augmente les tensions de part et d'autre, et finit pas stresser tout le monde.

Or, un accueil bien pensé n'engendre pas de dysfonctionnements, il est donc essentiel de **préciser ce que l'on attend concrètement du service d'accueil**. S'il s'agit uniquement de diriger les visiteurs sur le site, il n'est pas nécessaire de mettre en œuvre un dispositif compliqué. Un bon système d'affichage, des renseignements plus précis encore distribués par la personne chargée de l'accueil suffiront à satisfaire chacun. Un simple comptoir suffit, l'agent doit être visible, et traiter rapidement chaque demande.

Pour une mission plus complexe et plus longue, il faudra, comme dans l'**exemple 2**, faire asseoir le visiteur.

Quand on n'a pas de service d'accueil spécifique, il faut cependant que les visiteurs éventuels soient pris en charge. Le mieux est alors de trouver une **personne expérimentée qui accepte de jouer ce rôle d'accueil** et saura comprendre rapidement chaque problème et donner les informations utiles.

On retiendra pour l'organisation du site d'accueil que la **simplicité d'accès et d'utilisation** demeurent une clé fondamentale de la réussite.

En outre, un site administratif n'est pas un centre commercial, pas plus qu'un office de tourisme, il faut donc que l'accueil soit pensé de manière à demeurer en cohérence parfaite avec la fonction et l'image. Tout ce qui va dans le sens du sérieux et de la compétence constitue l'élément essentiel autour duquel il convient d'organiser l'accueil. Il faut donc éviter de tomber dans le piège du sourire commercial, de l'amabilité forcée, ou d'une trop grande personnalisation de la relation; de toutes façons le visiteur sait très bien qu'il n'existe que par rapport à son dossier, ses numéros, son matricule ! Une écoute attentive, des réponses claires aux questions posées, suffisent en général largement à satisfaire chacun.

Ensuite, quelle que soit l'organisation choisie, le plus important, c'est la personne chargée de l'accueil. En effet, non seulement, elle véhicule une partie de l'image de l'établissement, mais elle contribue à en construire la représentation chez les visiteurs. Si la personne chargée de l'accueil traite chaque demande avec rapidité et compétence, c'est la réputation de tout l'établissement qui s'en trouve rehaussée. Le visiteur est plus coopérant en face d'une personne courtoise, calmes, capable de prendre en charge les différentes demandes.

Pour le site administratif, il apparaît souvent que les personnes chargées de l'accueil ne se trouvent pas toujours là par leur propre choix. Comme cette fonction nécessite de grandes qualités relationnelles, elle devrait être réservée à des personnes non seulement très motivées, mais surtout bien formées à ce poste. On ne s'improvise pas chargé d'accueil, il s'agit d'un véritable métier.

S'il est un point très important à retenir c'est bien ce dernier : le critère dominant pour un accueil réussi c'est la personne. C'est elle que chaque visiteur voit en entrant, c'est d'elle que dépend en majeure partie la réussite de l'accueil.

2 - L'accueil à l'hôpital

A l'hôpital, à la clinique, l'accueil se résume souvent à une formalité administrative, d'ailleurs, dans les petites et moyennes structures, l'accueil, le standard et le secrétariat se trouvent réunis. Nous envisagerons ici plusieurs types de lieux : centre hospitalier, clinique, cabinet médical spécialisé et, essentiellement deux cas pris en charge par l'accueil : la demande de renseignements et la prise de rendez-vous.

ooo *Pris sur le vif*

Exemple 1

Premier épisode : Une patiente vient prendre rendez-vous au centre hospitalier.

L'hôpital est situé dans un quartier neuf à la périphérie d'une grande ville, pourtant, le parking est déjà trop petit. Véronique qui travaille à proximité vient prendre rendez-vous pour une consultation, elle traverse le parking et se dit qu'elle a bien fait de venir à pied !

Le bâtiment est tout neuf, tout semble parfaitement en ordre, les portes s'ouvrent en grand, sans qu'il soit nécessaire de les pousser, le hall d'entrée est bien éclairé par la lumière du jour. Véronique se dirige vers l'accueil, il y a une personne avant elle, elle se place à la suite et attend son tour. Moins d'une minute après, elle sait le nom, l'adresse, le numéro de sécu, le téléphone, la durée du séjour, et la nature de l'intervention chirurgicale de la personne qui la précède.

L'accueil est un guichet, la secrétaire qui l'assure travaille à un poste informatique, protégée du public par une vitre ne laissant passer que les papiers. Vient le tour de Véronique.

– *Bonjour Madame, c'est pour quoi ?*

– *Je viens prendre rendez-vous pour une consultation.*

– *Avec quel médecin ?*

– *Le Docteur Tired'aile*

– *Le Docteur Tired'aile n'a pas de rendez-vous libre avant quatre mois...*

– *Et avec un autre ?*

– *Oui, sous quinzaine... Qu'est-ce que vous faites ?*

– *Donnez-moi un rendez-vous le plus vite possible.*

– *Bon, alors avec le Docteur Colombe ; Bon, je vais vous faire une fiche, il me faut vos noms prénoms.*

– *Véronique Serin*

– *Date de naissance*

– *1ᵉʳ Mai 1968.*

– *Adresse, téléphone*

– *15, rue des moineaux à Laplume*

– *C'est quoi le code postal de Laplume ?*

Véronique lui donne les renseignements, la secrétaire saisit les informations sur son clavier, elle demande encore le nom du médecin traitant, le motif de la consultation avant d'ajouter :

– *De toute façon, on vous refera une fiche au secrétariat du service, vous avez rendez-vous la semaine prochaine, mardi à 8 H 30, prenez votre dossier, et le mot de votre médecin.*

– *Hum... Cela ne m'arrange pas trop mardi à 8 H 30, je conduis les enfants à l'école vous comprenez, j'ai peur de ne pas être à l'heure.*

– *C'est pas moi qui décide de l'heure des rendez-vous, c'est géré par ordinateur, si vous changez, il faut tout annuler !* Puis elle ajoute pour rassurer Véronique :

– *De toute façon, il y a toujours du retard, si vous avez un quart d'heure de retard, vous serez encore en avance !*

Véronique remercie et prend congé.

Exemple 1

Deuxième épisode : Véronique se rend à son rendez-vous

Véronique se dépêche, son rendez-vous est à 8 H 30, elle arrive juste à temps, mais il y a foule dans le hall, les ascenseurs sont tous occupés, et s'il y a un escalier, elle ne sait pas où il est ! Elle doit donc s'armer de patience. Parvenue dans le service, elle se présente au secrétariat.

– *Bonjour, j'ai rendez-vous avec le Docteur Colombe.*

Une dame en blouse blanche lui demande son nom et ajoute d'un air las :

– *Oui, passez en salle d'attente... C'est la porte à gauche, on vous appellera.*

La salle d'attente est quasiment pleine. Véronique se sent un peu découragée, elle espérait qu'à une heure aussi

matinale, il n'y aurait pas eu d'attente. Pour se rassurer, elle se dit que, de toute façon, cela ne devrait pas être trop long, il y a probablement plusieurs médecins qui consultent simultanément, il y a peut-être aussi quelques visiteurs médicaux...

Au bout d'une demi-heure, un grésillement se fait entendre, une voix sort du haut-parleur :

– *Corbeau Prosper !*

Un monsieur se lève, il a l'air gêné car tous les regards sont fixés sur lui lorsqu'il sort. Peu à peu les gens sortent à l'appel de leur nom, d'autres arrivent. Quand vient le tour de Véronique, elle regarde sa montre, il y a déjà une heure qu'elle est arrivée.

Elle se retrouve encore au secrétariat du service où la personne qui l'a accueillie plus tôt lui dit :

– *Je vais faire votre fiche, avant la consultation. Donnez moi votre carte de sécurité sociale.*

– *Je ne l'ai pas avec moi.*

– *Alors votre numéro matricule.*

– *Je ne le connais pas par cœur ! rétorque Véronique qui commence à s'agacer.*

– *Vous devez toujours avoir votre carte d'assuré social avec vous !*

– De toute façon, on m'a déjà fait une fiche quand je suis venue prendre rendez-vous.

– C'est possible, mais ce n'est pas le même fichier, il nous faut une fiche pour le dossier médical.

– Je donnerais tous les renseignements utiles au Docteur.

À ce moment, une jeune femme entre et demande à la secrétaire :

– Donnez-moi la fiche de Madame Serin s'il vous plaît !

Véronique intervient :

– Dr Colombe ?

La jeune femme acquiesce, Véronique reprend :

– Je suis Madame Serin, On m'a déjà fait une fiche, mais il semble que ce ne soit pas suffisant, pire encore, je n'ai pas ma carte de sécu !

Le docteur réprime un sourire et reprend :

– Ce n'est pas grave, excusez-moi de mon retard, il y a eu plusieurs urgences ce matin. Passez par ici, je vous prie...

Exemple 2

Un patient vient prendre rendez-vous à la clinique, il est déjà venu en consultation un an auparavant, il s'agit d'un suivi.

Yann parvient sans peine jusqu'à l'accueil situé dans un angle du hall d'entrée. C'est un bureau de forme arrondie, une sorte de paravent de plantes vertes matérialise une séparation avec le hall, il y a deux fauteuils pour les visiteurs et quelques chaises un peu plus loin pour les personnes qui attendent. L'hôtesse est assise, son poste de travail est organisé de telle sorte que l'écran de l'ordinateur se trouve intégré dans le plan de travail, et ne s'interpose donc pas entre les interlocuteurs.

– *Bonjour Monsieur, que puis-je faire pour vous ? dit-elle en souriant.*

– *Bonjour madame, je voudrais un rendez-vous avec le Docteur Corneille, si possible sous quinzaine.*

– *Vous préférez le matin ou l'après-midi ?*

– *L'après-midi si possible.*

– *Bien.*

Elle tape un code sur son clavier, consulte l'écran rapidement et poursuit :

– *Le Docteur Corneille pourrait vous recevoir mardi prochain à 15 h, vous pourrez vous libérer ?*

– *Oui bien sûr, attendez, je note.*

– *Vous êtes Monsieur... ?*

– *Martin-Pêcheur, en deux mots avec un trait d'union, prénom Yann.*

– *Vous êtes déjà venu il me semble ?*

– *Oui il y a un an.*

– *En effet, Monsieur Martin-Pêcheur, j'ai votre fiche. Surtout, pensez bien à apporter vos radios quand vous viendrez en consultation... Attention, soyez bien à l'heure, le Docteur Corneille est très ponctuel !*

– *Je n'ai pas oublié, c'est un oiseau rare !*

Elle sourit et ajoute :

– *Pas si rare tout de même ! Allez, à bientôt Monsieur Martin-Pêcheur.*

Exemple 3

La secrétaire d'un médecin prend rendez-vous dans un service hospitalier pour un patient qui se trouve près d'elle à son bureau.

– *Bonjour, je suis la secrétaire du Docteur Pélican, je voudrais un rendez-vous pour un patient.*

– *C'est pour quoi ?*

– *Une consultation, si possible avec le Dr Condor.*

– *Oui, alors pas avant le mois d'Octobre !*

– *Un instant, je demande au patient.*

Elle pose le téléphone et s'adresse au patient :

– *Elle n'a rien avant le mois d'Octobre, est-ce que cela vous dérange ?*

– *Cela fait près de six mois à attendre... Et si j'ai encore des problèmes... Essayez ailleurs, je ne sais pas moi !*

Elle reprend le téléphone :

– *Et avec un de ses assistants ?*

– *Oui, Mercredi à 18 H 45 avec le docteur Delachouette.*

– *Un instant, je vais voir.*

– *Mercredi prochain à 18 H 45 ? Cela vous convient mieux.*

Le patient hausse les épaules et soupire :
- *Excusez-moi, mais pouvez-vous lui demander si elle a une place plus tôt dans la journée, j'ai près de 100 Km à faire pour rentrer chez moi.*

La secrétaire reprend :
– *Et plus tôt dans la journée... ?*

– *Il n'y a rien, mais de toutes façons, c'est enregistré et je ne peux rien changer, si vous voulez changer le rendez-vous, il faut faire une annulation et prendre un autre rendez-vous. Bon, c'est quel médecin déjà ?*

– *Le Docteur Pélican à Laplume.*

– *Le patient ?*

– *Monsieur Lepiaf, 8, rue des Pigeons à Laplume.*

à part :
– *Vous avez le téléphone Monsieur Lepiaf ?*

– *Voici le numéro de mon portable : 06.... etc*

au téléphone :
– *Son numéro de portable 06... etc*

– *C'est pour quel problème ?*

– *Monsieur Lepiaf l'expliquera au Docteur, et de toutes façons le Docteur Pélican a fait une lettre.*

– *Envoyez-la par fax.*

– *Nous ne somme pas encore équipés d'un fax, je vous la mets au courrier ce soir. Bon, au-revoir Madame.*

QUIZZ

Questions au lecteur :

I – Dans quel exemple vous trouvez-vous le plus à l'aise ?

1 – Le premier épisode du numéro 1 ☐

2 – Le second épisode du numéro 1 ☐

3 – Le numéro 2 ☐

4 – Le numéro 3 ☐

II – Si vous êtes parfaitement à l'aise dans l'exemple 1, est-ce en rapport avec :

1 – Le site ☐

2 – L'ambiance ☐

3 – La personne chargée d'accueil ☐

III – Si vous êtes parfaitement à l'aise dans les exemples 2 et 3, est-ce en rapport avec :

1 – Le site ☐

2 – L'ambiance ☐

3 – La personne chargée d'accueil ☐

IV – Si vous êtes relativement mal à l'aise, dans au moins un de ces exemples essayez de savoir pourquoi. Classez les réponses ci-dessous :

1 – Le site d'accueil est mal organisé ☐

2 – La file d'attente est trop longue ☐

3 – N'importe qui peut savoir qui je suis
et pourquoi je suis là ☐
4 – La secrétaire n'est pas aimable
et ne m'écoute pas ☐
5 – Les formalités sont trop lourdes. ☐

**V – Si vous étiez à la place des personnes chargées
d'accueil à l'exemple 1 que feriez-vous ?
Plusieurs réponses sont possibles**
1 – Leur attitude est correcte,
je ferais de même ☐
2 – J'essaierais d'aller encore plus vite ☐
3 – J'essaierais d'alléger un peu les formalités ☐
4 – Je demanderai une formation
à l'informatique ☐
5 – Je demanderai une formation à l'accueil ☐

**VI – Quels sont selon vous les points faibles
les plus graves ?**
1 – Le manque de respect de l'anonymat
du patient ☐
2 – Le manque de respect des horaires ☐
3 – Le manque de signalisation ☐
4 – Le manque d'amabilité du personnel ☐
5 – L'absence d'écoute ☐

**VII – En tant que personne chargée de l'accueil
en milieu hospitalier aimeriez-vous :**
1 – N'avoir à vous occuper que de l'accueil
et non vous disperser ☐

2 – Disposer d'un bureau ou d'un site
spécialement aménagé ☐
3 – Avoir plus de responsabilités ☐
4 – Pouvoir alléger les formalités ☐
5 – Prendre davantage votre temps
et mieux écouter les patients ☐

**VIII – En tant que patient, comment voyez-vous
les choses au niveau de l'accueil ?**
1 – Je voudrais être mieux informé ☐
2 – Je voudrais être plus écouté ☐
3 – J'éprouve une certaine inquiétude à l'idée
d'être hospitalisé, je voudrais être rassuré ☐
4 – J'aimerai que les informations que je donne
à mon sujet ne soient pas accessibles
aux autres patients ☐
5 – Je voudrais que les horaires soient
mieux respectés ☐

**IX – Quel est votre personnage préféré parmi les
acteurs des exemples ci-dessus ? Pourquoi ?**
1 – Vous trouvez son comportement efficace
et bien adapté ☐
2 – Vous agiriez comme lui ☐

**X – Quel est le personnage dont vous ne voudriez
pas jouer le rôle ? Pourquoi ?**
1 – Vous désapprouvez son comportement ☐
2 – Il représente pour vous un exemple
à ne pas suivre ☐

Nos commentaires

• *Définir la situation, ses fonctions et ses buts*

À l'origine l'hôpital est un lieu d'accueil pour les personnes sans ressources, le plus souvent géré par des communautés religieuses, il s'inscrit dans une perspective résolument caritative. Il est important de rappeler cela car cette dimension de charité, si elle a disparu de la réalité actuelle de l'hôpital, n'a pas pour autant disparu des idéaux et des attentes, on retrouvera donc de temps à autre un glissement de sens vers la dimension caritative.

L'hôpital actuel est un lieu où l'on prend en charge de façon temporaire, les personnes malades pour des soins et des interventions qu'il n'est pas possible de réaliser au cabinet du médecin traitant ou au domicile du patient. L'hôpital n'est pas un lieu de plaisir, on s'y rend par nécessité avec en général un certain degré de crainte et le souhait d'en sortir au plus vite. L'hôpital est géré par l'État qui lui attribue un budget, un personnel qui peut être assimilé à des fonctionnaires, les postes y sont en effet pourvus par concours et par nomination.

La clinique fonctionne différemment car elle est gérée par des sociétés privées, compagnies d'assurances, associations, ou groupe médical. Mais la clinique comme l'hôpital ont pour vocation d'accueillir et de soigner les personnes malades.

Hôpitaux ou cliniques n'offrent pas leurs services gratuitement, le coût de l'hospitalisation est assumé par les assurances sociales des personnes et leurs compagnies d'assurance.

Les soins réalisés en milieu hospitalier sont généralement soit trop lourds pour être effectués au cabinet du médecin généraliste ou spécialiste, soit trop spécialisés. Ces interventions nécessitent donc d'être effectuées dans des structures adaptées. Hôpitaux et cliniques rivalisent d'équipements technologiques les plus sophistiqués et les plus variés. Ces technologies s'appliquent notamment à l'exploration, permettant de visualiser ce qu'on ne pouvait voir auparavant qu'au cours d'interventions chirurgicales, et, aux méthodes de soins.

Le coût élevé des technologies justifie qu'elles soient à leurs débuts réservées à de puissantes structures hospitalières. Certaines évoluent vers une meilleure maniabilité et un moindre coût ce qui les rend accessibles et utilisables en médecine courante, en dehors donc du milieu hospitalier.

• *À quoi sert l'hôpital ? Que produit-il ?*

On comprend, qu'outre sa vocation à apporter aux malades les soins appropriés, l'hôpital a d'autres fonctions, dérivées de la première.

Un certain degré d'expérimentation des technologies, des méthodes, et des médicaments fait partie du paysage hospitalier. Enfin, le centre hospitalier universitaire demeure un centre de formation pour les médecins, certaines professions de santé et le personnel infirmier.

Il peut paraître étrange de s'interroger sur ce que produit l'hôpital parce qu'à première vue, bien des gens croient qu'il s'agit de santé. Or, ce n'est pas tout à fait exact, même si, à la suite d'un séjour à l'hôpital et de soins adaptés nous sommes guéris d'un mal, cela ne veut pas dire qu'un centre hospitalier soit producteur de santé. La structure hospitalière produit aussi de la maladie, un peu comme si elle s'auto-fournissait sa raison d'être. Cette affirmation peut paraître tout à fait bizarre, pourtant, un rapide coup d'œil vers le passé nous montre qu'aujourd'hui nous connaissons beaucoup plus de maladies qu'au siècle dernier. Celles-ci apparaissent au fur et à mesure que nous développons les moyens de les mettre en évidence (images, diagnostics, biologie, etc...), et, les moyens de traiter les agents responsables de ces maladies, à chaque fois que nous fabriquons un nouveau médicament nous jetons les bases nécessaires à l'apparition d'une nouvelle maladie, ou d'une forme plus coriace d'un mal déjà connu !

Est-ce à dire qu'il faut cesser de chercher et d'innover ? Nous ne saurions défendre une position aussi radicale sans sombrer dans un total manque de réalisme. D'autant que le sens donné aux recherches a permis de sauver un grand nombre de gens. Aujourd'hui, beaucoup de maux ont été vaincus grâce à ces démarches. Les remarques ci-dessus n'ont que le but d'inciter à réfléchir sur les fonctions et les buts apparents et dérivés de nos sujets d'étude. Parce que ces problèmes participent aussi à la représentation sociale des milieux hospitaliers, lieux de souffrances, de dangers, mais aussi d'espoirs.

Quels sont les intérêts en jeu dans le fonctionnement des sites hospitaliers ? À qui profite cette activité ?

On pourrait penser que l'hôpital sert avant tout les intérêts du malade, mais ce serait oublier qu'il représente aussi un intérêt majeur en tant que partenaire de la vie économique car il s'insère dans un tissu socio-économique étendu et complexe. On peut avoir une idée de son champ d'insertion ne serait-ce qu'en évoquant la liste des besoins d'un hôpital. Personnel, matériels, compétences diverses participent de près ou de loin à l'activité hospitalière.

Une structure hospitalière fournit en fait un nombre d'emplois directs relativement limité, mais aussi et surtout d'emplois dérivés et annexes. Du fabricant de médicaments, aux spécialistes de l'informatique, en passant par la restauration, l'hôpital mobilise un grand nombre de compétences.

Les partenaires et fournisseurs représentent donc eux aussi des intérêts en jeu dans le fonctionnement d'un hôpital.

Le cas des cliniques privées est différent puisqu'elles fonctionnent comme de véritables entreprises, toutefois, il convient de noter que bon nombre d'observations s'appliquent autant à elles. Les cliniques n'ont pas toutes les fonctions de l'hôpital, notamment pas celles de formation. En revanche, elles subissent les contraintes de l'obligation de résultat financier comme n'importe quelle entreprise.

Comment le visiteur, le client, l'usager, perçoit-il le milieu hospitalier ? Quelle est son image auprès du public ?

L'hôpital bénéficie d'une image globalement positive auprès du grand public car elle se fonde essentiellement sur la qualité des soins qui demeure parmi les meilleures à l'heure actuelle. La presse hebdomadaire publie assez fréquemment des enquêtes d'opinions qui s'accordent sur cette image positive, bien que les dysfonctionnements ne soient pas ignorés. Depuis peu, en France, des tentatives d'évaluation voire de classement des hôpitaux sont conduites, toutefois, un examen attentif des critères utilisés pour ce classement en fait apparaître les lacunes[1]. On ne peut pas affirmer, faute de preuves à l'heure actuelle, que la publication de ces évaluations ait une quelconque influence sur l'image de l'hôpital.

Les utilisateurs font bien la différence entre la qualité des services et les problèmes qu'ils peuvent rencontrer s'ils séjournent à l'hôpital, manque de personnel, attente, promiscuité, relations difficiles avec l'équipe soignante, difficulté, voire impossibilité d'avoir accès à une information claire à propos de son état de santé ou celui d'un membre de sa famille, sans oublier les maladies contractées en milieu hospitalier et les (heureusement rares) « bavures ». Les patients se plaignent la plupart du temps de se sentir dépersonnalisés, de ne pas être considérés en tant que personne, mais comme des « cas ». Dans ce domaine, les maladresses dans la communication avec les patients sont très nombreuses.

---

1. La revue « La Recherche » d'Octobre 1999 publie à ce sujet une intéressante enquête.

La qualité des soins n'est pas remise en cause, seules les conditions d'accueil, de séjour et le climat relationnel sont retenus dans les aspects négatifs de l'image.

Quels sont les besoins particuliers du site hospitalier en termes d'accueil ?

En termes d'accueil précisément, il ne faut jamais oublier que les personnes qui séjournent à l'hôpital souffrent toutes d'un mal plus ou moins grave ; cela signifie qu'elles sont fragilisés par rapport à un individu en pleine forme, et non seulement physiquement, mais aussi sur le plan relationnel. Les patients redoutent souvent le séjour à l'hôpital, même quand ils savent bien que leur état n'est pas très grave. Les personnes qui souffrent demandent encore plus d'attention, et surtout ont un immense besoin d'être rassurées. Quelle que soit la gravité du mal, ce besoin est constant, mais souvent oublié.

En outre, le fait de confier sa santé à un tiers implique qu'on n'est plus seul décideur de soi, de son corps, il y a toujours un certain degré d'abandon, notamment lorsqu'il y a anesthésie. Certaines personnes vivent cela dans l'inquiétude; elles demandent à être rassurées, et considérées en tant qu'individu à part entière.

Tout ce qui va dans le sens de la clarté et de la sécurité peut rendre l'accueil en milieu hospitalier plus positif pour le patient.

D'autre part, bien que l'attente soit toujours relativement désagréable, les patients la tolèrent plutôt bien, car cela fait pour ainsi dire partie du rituel. Cependant, il est évident qu'un accueil bien organisé permettra d'éviter une trop longue attente.

Clarté, sécurité, confiance, reconnaissance représentent les besoins spécifiques en termes d'accueil sur site hospitalier.

Accueil et accessibilité du site, de l'information

Contrairement à d'autres établissements pour lesquels l'accent ne porte pas essentiellement sur l'accessibilité, le centre hospitalier se doit d'en faire une règle absolue. La question de l'accessibilité du site ne se pose donc pas, il est toujours très facile d'entrer dans un hôpital, cependant, il n'est pas forcément aisé de s'y repérer, notamment dans les grands centres occupant de vastes sites, et disposant de plusieurs bâtiments séparés. Certains établissements peuvent, de par leur taille, être comparés à de petites villes !

Si le malade n'a pas à effectuer de grands déplacements, les visiteurs ont parfois d'importantes difficultés d'accès dues à la longueur des parcours, leur complication, et autres manques d'indications.

En effet, le fléchage, les panneaux indiquant clairement le nom du service, le plan d'ensemble se doivent eux-aussi de répondre à un critère d'accessibilité, ils font en effet partie de l'accueil et participent à sa qualité. Dans la seconde partie, le lecteur peut trouver quelques notions sur la signalétique, qui joue un rôle non négligeable dans l'accessibilité des sites.

Les informations disponibles à l'accueil doivent aider la personne à se diriger dans le site, elles sont le plus souvent accessibles car affichées.

Pour obtenir d'autres renseignements, heures de visite ou de consultation, numéro de chambre occupée par un patient le recours à la personne chargée d'accueil est nécessaire.

Dans **l'exemple 1**, l'accès à l'accueil est facile, mais **l'espace relationnel est inconfortable pour le visiteur**, encore plus pour le patient car il s'agit d'un **guichet** et qu'il devra rester debout derrière pendant toute la durée de son passage à l'accueil. En outre, ce type de dispositif rend accessible à n'importe qui des renseignements et informations personnels sur l'individu qui s'y présente, ce qui, selon nous représente un grave défaut pour ce contexte.

Dans **l'exemple 2**, le bureau d'accueil est bien différent, il s'agit d'un espace relationnel, défini par un bureau entouré de plantes vertes, occupant tout un angle du hall d'entrée. Au cours du passage au bureau d'accueil, et pour accomplir la même tâche, les interlocuteurs sont assis l'un comme l'autre. L'accessibilité du site d'accueil est évidente et facile.

Dans **l'exemple 3** qui se passe par téléphone, il n'y a pas de mise en attente, la secrétaire obtient directement son interlocutrice. Cette fois, la situation met en scène trois personnes puisque le patient y participe. La secrétaire du médecin traitant implique le patient en lui demandant son avis ou son approbation à deux reprises, de son côté, elle joue très bien son rôle car son attitude va dans le sens de la mise en confiance et de la reconnaissance du patient.

L'autre secrétaire, en revanche semble pressée d'en finir, elle donne un prétexte un peu facile en disant qu'il est impossible de changer l'heure d'un rendez-vous à cause, bien sûr de l'ordinateur, enfin, sa question « Bon, c'est quel médecin déjà ? » pourrait être mieux présentée.

Le temps passé au bureau d'accueil est-il justifié ? Par la qualité du service, celle de la relation... ?

Dans l'**exemple 1** comme dans le **2**, le temps passé au bureau d'accueil est justifié par la tâche à accomplir : prendre le rendez-vous. Toutefois, les choses sont bien différentes d'un exemple à l'autre. À l'évidence, le patient ne pourrait éviter ce passage au bureau d'accueil qu'en prenant son rendez-vous par téléphone.

Dans l'**exemple 1**, le **formalisme** est assez **lourd**, la personne chargée d'accueil effectue aussi d'autres **tâches administratives**, le patient passe longtemps à ce bureau et ce de façon particulièrement inconfortable car il s'agit d'un guichet avec vitre de séparation ce qui demande d'élever la voix pour se faire entendre et donne l'occasion aux autres personnes de la file d'attente d'accéder à toutes les informations demandées pour remplir la fiche. C'est un cas très fréquent de non-respect de la personne, qui pourrait tout à fait demander à ce que les informations la concernant ne soient communiquées qu'au médecin. Dans cet exemple, le formalisme sans doute un peu exagéré et le **manque de respect de l'anonymat** se poursuivent en s'amplifiant au second épisode. En effet, appeler les patients en salle d'attente à l'aide d'un haut-parleur n'est pas fait pour les mettre à l'aise. Recommencer la fiche de renseignements pourtant déjà effectuée lors de la prise de rendez-vous est manifestement un manque de qualité et peut-être simplement un manque de formation du personnel à l'utilisation de l'informatique.

A ce propos, nous pouvons faire une parenthèse pour évoquer le rôle qu'on fait jouer à l'ordinateur ! La personne chargée de l'accueil à l'**exemple 1** n'hésite pas en effet à le rendre responsable de la décision de date et d'heure des rendez-vous ! De même que celle de **l'exemple 3**.

Dans **l'exemple 1**, au premier comme au second épisode, le temps passé en formalités et en attente demeure très important et contribue à rendre les choses sinon carrément désagréables, du moins passablement irritantes pour la patiente.

Dans **l'exemple 2**, la personne chargée de l'accueil ne se perd pas en longues formalités, elle ne demande que le **strict minimum** au patient, à la saisie de son nom, elle constate qu'il a déjà un dossier dans son fichier, elle lui épargne donc de refaire une fiche. La relation d'accueil est plus détendue car elle se passe dans un espace un peu à part et uniquement destiné à l'accueil, ce qui sécurise le patient. L'hôtesse est **aimable** et prend soin de **personnaliser** l'interaction en appelant le patient par son nom, ce qui a pour but de le reconnaître et de lui montrer qu'on le considère comme une personne à part entière et non comme un énième cas sur une liste.

Dans **l'exemple 3**, tout se passe **très rapidement**. Les interlocutrices sont pressées, les renseignements habituels sont demandés mais la secrétaire du médecin traitant élude habilement la question du motif de la consultation spécialisée en évoquant la lettre explicative.

L'accueil répond-il aux besoins produits par ce contexte particulier ? Site, résultats, et relation d'accueil sont-ils adaptés aux attentes du public ?

Les différents exemples cités plus haut ne répondent pas tous aux besoins spécifiques de l'accueil sur site hospitalier : **clarté, sécurité, confiance, reconnaissance**. L'**exemple 2** correspond bien, mais l'**exemple 1** présente de nombreux manques de qualité par rapport aux critères définis.

Points forts, points faibles : qualité, adaptation.

Les **points forts** sont ceux identifiés dans l'**exemple 2 :** l'**organisation du site d'accueil** joue un rôle important car elle permet de préserver l'identité du patient, s'il y a d'autres personnes à proximité, elles ne peuvent entendre la conversation, la personne chargée de l'accueil peut donc en toute tranquillité compléter une fiche avec le patient.

L'accent est mis sur le **confort**, les interlocuteurs sont assis, l'ordinateur se s'interpose pas entre eux, il est au contraire bien intégré.

Le **formalisme est réduit**, l'hôtesse ne demande que les renseignements nécessaires, le temps passé au bureau d'accueil s'en trouve donc allégé, on y gagne en **efficacité** tant matérielle que relationnelle.

L'**exemple 1**, montre de nombreux **points faibles**, tant au premier qu'au second épisode. La **lourdeur du formalisme**, le **manque de maîtrise de l'outil informatique**, de considération pour les personnes et l'**inconfort** relatif du site d'accueil représentent les principaux points faibles.

À l'évidence, le « zéro Défaut » est un idéal et non une réalité, cette notion représente davantage un but vers lequel on doit tendre qu'un état dans lequel on se complaît !

Dans **l'exemple 3 l'implication du patient** par la secrétaire est un point fort sur le plan relationnel; la façon d'expédier la communication pour en finir au plus vite peut être comprise comme un point fort ou un point faible selon qu'on privilégie la rapidité ou la qualité relationnelle.

Nous préférons mettre l'accent sur le point fort, d'autant que le manque d'amabilité de la seconde secrétaire s'appuie sans aucun doute sur un fond de stress et sur le fait qu'au téléphone certaines personnes changent leur façon d'être.

Les règles d'Or pour l'application

Plus que n'importe quel autre site, l'hôpital requiert un accueil particulièrement attentif. Dans un précédent livre[2], nous avons montré comme la qualité de la relation entre le malade et le personnel soignant était déterminante pour le mieux être, l'observance du traitement, l'implication de la personne dans son processus de guérison, etc... Nous pensons que la **qualité de l'accueil** permet d'obtenir **un meilleur climat relationnel** entre le patient et le personnel ce qui ne peut que faciliter les choses à chacun.

---

2. *PNL et relation thérapeutique*, Patrice et Catherine Cudicio, Éditions Lamarre, 1992.

Il est d'autant plus difficile d'obtenir un bon climat relationnel, que, dans ce contexte précis, la personne se trouve souvent inquiète, stressée, vulnérable et essentiellement préoccupée d'elle-même ce qui est le cas de toute personne qui souffre. En effet, un état désagréable ou une douleur force l'attention de la personne. Chacun peut observer qu'il souffre moins, ou même oublie complètement sa souffrance lorsqu'un élément vient en détourner son attention.

On se souviendra donc qu'il est très important de créer un **climat sécurisant** au moment de l'accueil. L'**organisation du site d'accueil** peut ici se révéler déterminante et pour la réussir, il suffit de se préoccuper de préserver l'identité grâce à un espace relationnel adapté. Les guichets ou comptoirs vitrés ne peuvent prétendre à remplir ce rôle.

L'attitude de la personne chargée d'accueil reste toujours le point crucial. **Amabilité, attention, tact, discrétion** sont des qualités indispensables à mettre en œuvre au cours de la phase d'accueil. Certaines questions sont à éviter telles que le motif de la consultation ou la nature de l'intervention auparavant subie lorsque d'autres personnes peuvent entendre la conversation : le patient a le droit de ne pas dire en public pourquoi il consulte, l'histoire de sa santé lui appartient mais il semble que bien des intrus s'en emparent sous prétexte statistique, informatique ou autre, tandis que d'autres ne prêtent pas la moindre attention à cela. Au téléphone comme dans la relation directe, les mêmes principes s'appliquent.

3 - L'accueil dans un office de tourisme

N ous voici à présent dans un contexte bien différent, nous verrons que certains éléments participant à l'accueil demeurent constants, et que d'autres apparaissent en contraste par rapport à ce qui précède.

L'office de tourisme présente un intérêt tout particulier, il ne s'agit ni d'une administration comme un centre des impôts ou une préfecture, ni d'une entreprise commerciale classique, mais d'une structure bien particulière.

ₒₒₒ *Pris sur le vif*

Exemple 1

Un couple de touristes veut réserver des places pour un concert lors d'un festival local.

L'office de tourisme a remplacé le bureau des autocars, l'on devine encore la précédente enseigne sur la façade, de grandes banderoles ont été placées pour le festival.

Ils entrent dans le local, un peu exigu, encombré de brochures, d'affiches où deux personnes accueillent le public. L'une est occupée avec une dame qui cherche un hôtel, l'autre remplit des papiers assise à un bureau. Lorsqu'elle voit le couple entrer et chercher quelque chose du regard, elle quitte immédiatement sa tâche et s'adresse à eux :

– *Bonjour ! Puis-je vous aider ?*

– *Bonjour, nous voudrions trois places pour le concert de vendredi.*

– *Oui, mais il ne me reste pas grand-chose. Regardons le plan ensemble voulez-vous ? Il doit rester une douzaines de places, mais ce sont des places sans visibilité et elles ne sont pas ensemble.*

Les deux touristes se regardent un peu déçus, le monsieur examine le plan et dit :

– *On dirait pourtant qu'il y a quelques places libres côte à côte au premier et second rang ? J'en vois justement trois là, regardez !*

– *C'est exact, mais je ne peux pas vous les proposer !*

– *Pourquoi ?*

– *Ces places sont réservées par la Mairie pour ce concert.*

– *Il y a de quoi placer toute l'équipe municipale ! plaisante aigrement le monsieur, vous êtes très mélomanes ici !*

– *S'ils ne viennent pas, nous pourrons les proposer au public, mais je n'aurais pas l'information avant 15H vendredi après-midi.*

– *Combien coûtent ces places ?*

– *600 F plein tarif, et 300 F demi-tarif pour les scolaires, les étudiants, les chômeurs.*

– *C'est très cher murmure la dame.*

– *Oui, car elles sont très bien placées, mais enfin, on n'est jamais sûr de les avoir.*

– *Et les places sans visibilité ?*

– *Elles sont à tarif unique 30 F. A votre place je les prendrais tant qu'il y en a encore, si vous arrivez tôt, vous pourrez vous*

arranger avec la personne qui est à l'entrée, elle fera le néces-
saire pour que vous soyez ensemble.

– À quelle heure faudra-t-il arriver ?

– Le concert est à vingt et une heures, venez une heure à l'avan-
ce, comme cela vous serez sûrs.

Le monsieur regarde la dame, ils discutent un peu entre
eux, puis le monsieur reprend.

– Bien, d'accord, donnez-moi trois places.

Exemple 2

Une dame très bavarde cherche
des adresses pour faire des randonnées.
L'office de tourisme ici est vaste,
joliment décoré dans un style qui
évoque les chalets montagnards,
tout est parfaitement rangé, trois
hôtesses renseignent les gens.

– Bonjour Madame, que puis-je
faire pour vous ? dit la première en
s'adressant à la dame qui vient d'entrer.

– Vous êtes bien l'Office de tourisme ici, je voudrais me rensei-
gner sur la région et les activités. Les randonnées, cela m'in-
téresse, qu'est-ce que vous pourriez me conseiller ?

– Vous êtes bien en effet à l'Office de tourisme et nous pouvons
vous renseigner sur les activités. Voulez-vous faire une gran-
de randonnée de plusieurs jours ou des promenades d'une
journée ou d'une demi-journée ?

– *Je ne sais pas trop, je suis ici pour quinze jours, je viens d'arriver. Je n'ai aucun entraînement, ce n'est peut-être pas prudent de partir pour plusieurs jours.*

– *Pratiquez-vous un sport régulièrement dans l'année ?*

– *Oh, je n'ai pas le temps, avec tout le travail que j'ai, je ne vois pas comment j'arriverai à faire du sport !*

– *Bien, voici une brochure avec les adresses où vous pourrez trouver des guides et des groupes.*

– *Dites-moi, en pleine saison, il doit y avoir beaucoup de monde, j'espère que les groupes ne sont pas trop importants.*

– *Tout au plus, vous serez de dix à quinze personnes pour les randonnées d'une journée, et sans doute un peu moins pour les grandes randonnées.*

– *Dix personnes, passe encore, mais quinze, cela fait trop, vous vous rendez compte ! Moi qui viens en montagne pour trouver le calme et le silence. Je pensais trouver un petit groupe de deux à trois personnes.*

– *Vous pouvez même partir seule ou en tout petit groupe, avec un guide, mais cela vous coûtera beaucoup plus cher !*

– *Vous n'auriez pas une carte détaillée de la région ?*

– *J'ai des cartes de la station, elles sont à votre disposition, maintenant pour la randonnée, vous trouverez d'excellentes cartes à la librairie, juste à gauche en descendant la rue principale.*

– *Je vais réfléchir, peut-être que je pourrai randonner seule avec une bonne carte !*

– *Bien sûr, n'oubliez pas cependant de prendre une assurance spéciale pour la durée de votre randonnée ou de votre séjour. Et surtout, si vous partez seule, pensez à informer au moins deux autres personnes de votre départ et de votre itinéraire.*

– *C'est obligatoire ?*

– *Cela va le devenir, mais ces précautions sont recommandées, cela vous permet d'être indemnisée au cas où il vous faudrait faire venir les secours en montagne.*

– *C'est bien compliqué, vraiment, pour une simple petite randonnée en montagne, il faut une assurance, des témoins, quelle affaire !*

– *Nous insistons beaucoup sur la sécurité, c'est important pour nous que les touristes qui viennent ici en vacances profitent de leur séjour au maximum, il y a quelques précautions à prendre quand on part en randonnée.*

– *Bien, je vais réfléchir, au-revoir.*

– *Au revoir Madame.*

Exemple 3

Un couple de touristes vient s'informer sur les ressources hôtelières locales.

L'office de tourisme est situé sur la place centrale d'une ville moyenne, entouré d'une pelouse et orné de jardinières richement fleuries, il attire l'attention du passant. À l'intérieur, un vaste choix de brochures est à la disposition du public sur une table, deux hôtesses en costume régional accueillent le public. Il y a beaucoup de monde, et elles sont très sollicitées, il faut prendre patience pour s'adresser directement à l'une d'elles.

Un couple de touristes l'air visiblement fatigué attend qu'une hôtesse se libère.

– *Bonjour, en quoi puis-je vous aider ?*

– *Nous avions réservé un hôtel pour les deux jours qui viennent, malheureusement, ils ne nous acceptent pas car nous avons un chien, nous ne le savions pas, et personne ne nous l'a fait remarquer à la réservation. Pourriez-vous nous indiquer un hôtel qui accepte les chiens ?*

– *Certainement, mais en période de festival et il n'y a pas beaucoup de places disponibles, quelle sorte d'hôtel cherchez-vous ?*

– *Nous voulons si possible une chambre avec salle de bains.*

– *L'Hôtel du Lion d'Or, sur la place accepte les chiens, c'est un trois étoiles, l'Hôtel de la Gare, et celui de la Fontaine aux Oiseaux ont deux étoiles et acceptent les chiens moyennant un supplément...*

– *Nous voulons bien payer un supplément, tout plutôt que de laisser Mirza enfermé dans la voiture !*

– *Autrement, il y a un très bel hôtel dans un château à quelques kilomètres d'ici, eux aussi acceptent les animaux, je crois savoir aussi qu'on leur donne à manger et les sort le matin si vous voulez faire la grasse matinée, il y a aussi un supplément !*

– *Pouvez-vous nous dire où il y a de la place ?*

– *Un instant, je consulte les données...*

L'hôtesse pianote sur son clavier, puis après un temps s'adresse aux touristes :

– *Il y a de la place à l'hôtel du Lion d'Or, et au Château de la Vallée.*

– *Quels sont les prix ?*

– *À l'hôtel du Lion d'Or, la chambre est à 450 F petit déjeuner non compris à 55 F par personne et supplément de 50 F par jour pour le chien. A l'hôtel de la Vallée il faut compter 800 F pour la chambre et le petit déjeuner, le supplément pour le chien est de 200 F comprenant nourriture et promenade.*

– *Pouvez-vous réserver au Lion d'Or ?*

– *Vous vous y rendez de suite ?*

– *Oui, nous sommes fatigués, nous venons de faire plus de huit cents kilomètres.*

– *Je vais les prévenir tout de suite.*

L'hôtesse se lève et les accompagne jusqu'à la porte :

– *Vous le voyez d'ici, juste à droite.*

– *Très bien, merci beaucoup, au-revoir mademoiselle !*

QUIZZ

Questions au lecteur :

**I – Lequel de ces trois sites préférez-vous ?
Pourquoi ?**
1 – Il semble pratique et bien organisé ..... oui/non
2 – Le décor est agréable .... oui/non
3 – On y sent une ambiance de vacances
et de loisirs .... oui/non
4 – Aucun ne me plaît ! .... oui/non

**II – Si vous avez répondu « oui » à la ligne
précédente, expliquez comment vous voyez,
dans l'idéal, un office de tourisme.**
....

**III – Quelle est, selon vous l'hôtesse la plus
compétente ?
Hôtesse de l'exemple 1, 2, ou 3 Pourquoi ?**
1 – Elle est souriante et aimable ☐
2 – Elle écoute bien les touristes ☐
3 – Elle sait informer et surtout bien
conseiller ☐

**IV – Si vous étiez l'hôtesse de l'exemple 1,
Y a-t-il des questions que vous auriez posées,
et si oui lesquelles ?**
....

V – Si vous étiez l'hôtesse de l'exemple 2,
Y a-t-il des questions que vous auriez posées,
et si oui lesquelles ?
....

VI – Si vous étiez l'hôtesse de l'exemple 3,
Y a-t-il des questions que vous auriez posées,
et si oui lesquelles ?
....

VII – Quels sont les points forts que vous relevez
immédiatement ?
1 – À l'exemple 1 ☐
2 – À l'exemple 2 ☐
3 – À l'exemple 3 ☐

VIII – Quels sont les points faibles pour chaque
exemple ?
1 – À l'exemple 1 ☐
2 – À l'exemple 2 ☐
3 – À l'exemple 3 ☐

IX – En tant qu'hôtesse, quels touristes
avez-vous préféré ? Pourquoi

X – Quelle sont selon vous les qualités indispensables pour bien assurer le rôle de l'hôtesse ?
(citez-en au moins trois dans l'ordre
d'importance)
....
....

Nos commentaires suivant la grille d'analyse

• **Définir l'office de tourisme, ses fonctions et ses buts.**

Pour l'essentiel, un office de tourisme est une vitrine, dans laquelle, les ressources touristiques de la ville et de sa région sont exposées, valorisées de manière à inciter les visiteurs de passage à renouveler ou prolonger leur séjour sur place. Les activités, les ressources hôtelières, les autres formes d'hébergement, les monuments, les sites, les musées, les diverses curiosités locales trouvent leur place ainsi que les manifestations culturelles ponctuelles ou périodiques telles que concerts, expositions, spectacles, mais aussi fêtes locales.

Le tourisme représente une importante dimension économique dans le budget d'une ville et de sa région, toutes les parties impliquées l'ont bien compris et la plupart des cités qui voient passer des touristes ont créé ces bureaux d'accueil et de renseignements que sont les offices de tourisme. Cette vitrine se doit bien entendu d'attirer l'attention des visiteurs par son caractère avenant, accueillant. L'enjeu est commercial, bien que les offices de tourismes ne soient pas des boutiques à proprement parler. L'office de tourisme est un représentant de sa ville et de la région. Il en constitue parfois la première impression pour un touriste de passage, l'accueil reçu à l'office de tourisme le conduit à former son opinion à propos de la ville visitée.

• À quoi sert un office de tourisme ? Que produit-il ?

Nous avons défini l'office de tourisme comme une vitrine, un représentant, un faire-valoir pour la cité et sa proche région. Ses fonctions illustrent bien sa définition. Sa **première mission** consiste à donner une **impression positive au visiteur**, et pour cela, en général, rien n'est laissé au hasard dans la présentation du site.

Un office de tourisme a pour vocation d'informer le visiteur à propos de la ville. Ces informations peuvent être très variées : hébergements, activités culturelles, moyens de transport, clubs sportifs, restaurants, garderie d'enfants, location de bicyclettes, réservation de places de spectacle, etc...

Le touriste doit pouvoir trouver réponse aux questions qu'il se pose à propos de son séjour et parvenir ainsi à mieux s'organiser, profiter davantage de son passage, découvrir des curiosités, sites ou manifestations culturelles.

Si l'office de tourisme joue bien son rôle, le visiteur prolonge parfois son séjour, ou prévoit de revenir, et le but de **promotion des ressources commerciales** de la ville est atteint. Plus les touristes affluent, plus la consommation sur place s'accroît et stimule l'activité économique de la région. Ceci est particulièrement important pour les régions disposant seulement de ressources patrimoniales variées (nature préservée, richesses architecturales, cultures locales, festivals, etc...) et qui tentent de développer le tourisme. Ainsi, parallèlement aux actions vis-à-vis des visiteurs, l'office de tourisme assume auprès des villes et des régions une **mission de représentation commerciale.**

• *À qui sert l'office de tourisme ? Quels sont les intérêts en jeu dans son fonctionnement de ce contexte ?*

Les différentes missions assurées par les offices de tourisme montrent les bénéficiaires de leurs fonctions.

Les touristes profitent des avantages que leur fournit l'office car ils peuvent obtenir beaucoup d'informations en peu de temps et dans un même site. L'office du tourisme leur facilite leur séjour en les informant des possibilités régionales ce qui leur permet d'optimiser le temps de leur séjour.

D'autre part, les cités elles-mêmes, lorsqu'elles décident de développer le tourisme en leurs murs, ont tout intérêt à ouvrir un office de tourisme qui agit en tant que représentant, et joue indirectement un rôle de stimulation de l'activité commerciale. **Les villes et leur région** bénéficient également de l'action de l'office de tourisme.

• *Comment le visiteur, perçoit-il l'office de tourisme ? Quelle est son image auprès du public ?*

Le touriste a une image globalement positive de l'office de tourisme, car il sait qu'il peut bénéficier de ses services et améliorer ses vacances. Toutefois, il ne sait pas toujours quelles en sont les missions exactes et tend parfois à venir chercher des objets ou des services qui ne s'y trouvent pas. L'office de tourisme peut lui indiquer où il trouvera à louer une voiture, mais ne peut la lui louer directement. L'office de tourisme n'est pas une entreprise commerciale, pourtant, cela n'apparaît pas toujours clairement. Il est vrai que certaines ambiguïtés demeurent possibles : il est en effet possible d'acheter, entre autres choses, des places de spectacle, des badges ou des insignes, des photos, et parfois des revues ou des livres dans certains offices de tourisme. En outre, le touriste arrive souvent un peu « déboussolé », il n'a pas ses points de repère habituels, parfois il est fatigué du voyage, et lui n'est pas rare qu'il confonde l'office de tourisme avec une autre échoppe !

En général, les touristes apprécient de trouver un office du tourisme lorsqu'ils voyagent et visitent une région. Cela leur donne des idées de visites ou d'activités, leur permet de découvrir des possibilités qu'ils ignoraient, et d'être informés à propos des événements et festivités locaux.

• *Quels sont les besoins générés par un office de tourisme en termes d'accueil ?*

Comme nous avons à plusieurs reprises affirmé que l'office de tourisme fonctionnait en tant que vitrine ou représentant pour la cité et sa région, il va sans dire que l'accueil qu'on va y trouver sera souvent perçu comme une « première impression », et, comme chacun le sait, il n'y a jamais une seconde chance de faire une bonne « première impression » !

C'est dire que l'accueil se doit d'être à la hauteur des ambitions touristiques de la cité et en offrir à tout visiteur une **image valorisée**.

Cette première impression devrait, selon nous, s'inscrire également dans une « couleur locale » fortement identifiée, un office de tourisme aux Antilles ne devrait pas ressembler à ceux qu'on trouve en Bretagne ou en Auvergne ! Le visiteur, dès qu'il voit le site, doit l'identifier comme appartenant à la région qu'il visite grâce à quelques caractères typiques.

Le touriste attend un **accueil souriant, attentif,** une **information de qualité,** et comme tous les gens en vacances, il est souvent très pressé. Dans l'idéal, la personne qui est en vacances aimerait trouver des interlocuteurs détendus, un peu comme s'ils étaient « en vacances » eux-aussi. Un célèbre club de vacances a utilisé d'ailleurs ce constat, le personnel doit donner au touriste l'impression de s'amuser autant que lui !

Sans en arriver là, il importe que les personnes chargées d'accueil en office de tourisme sachent mettre en œuvre, **image valorisée, amabilité, sourire, efficacité.**

• *Accueil et accessibilité du site, de l'information*

L'office de tourisme est généralement placé de telle sorte qu'un visiteur qui arrive au cœur de la ville ne puisse pas ne pas le voir.

Dans l'**exemple 1,** l'office de tourisme a remplacé le bureau d'une compagnie d'autocars, il semble d'ailleurs qu'il en reste quelques traces. Tout se passe comme si on n'était pas tout à fait prêt, la pièce est très petite, en désordre, l'une des hôtesses remplit des papiers. Cela ne ressemble pas tout à fait à l'idée qu'on peut se faire d'un office de tourisme, à l'aspect coquet, et au décor agréable.

Dans les deux autres exemples, nous avons affaire à des sites tels qu'on a de plus en plus souvent l'habitude d'en voir en France. Placés en un lieu très facile d'accès, comme une grande place, abondamment fleuris, ces offices possèdent un site propre, bien identifié, et dont l'aspect extérieur comme la décoration intérieure ont fait l'objet de soins attentifs.

La **forte implication dans le tissu culturel local** constitue certainement un avantage pour le site. Dans la plupart des cas, l'architecture et la décoration assument ce rôle. Le touriste, toujours en quête de curiosités et de particularités apprécie hautement les sites qui le dépaysent car cela accentue en lui l'impression d'être en vacances. Dans l'**exemple 3**, les hôtesses portent des costumes folkloriques locaux ce qui constitue un attrait supplémentaire.

Cela dit, les informations demeurent parfaitement accessibles, pour ce qui concerne celles sous forme de brochures mises à la disposition des visiteurs. Dans l'**exemple 3**, on les a disposées de façon à faciliter l'accès au touriste qui peut les voir, les consulter, emporter celles qui l'intéressent.

On peut dire que, les trois sites utilisés comme exemples offrent un aspect plutôt **aimable, attrayant, souriant**, répondant en cela aux besoins évoqués plus haut. Nous insistons beaucoup sur l'aspect « couleur locale » car cette dimension participe fortement à la notion de vacances chez la majorité des touristes.

- *Le temps passé au bureau d'accueil est-il justifié ?*
  Par la qualité du service, celle de la relation... ?

Dans chaque exemple, on observera que la personne chargée d'accueil assume parfaitement son rôle, elle ne cherche pas à expédier le visiteur, même si celui-ci se montre bavard, ou hésite. En fait, à part à l'**exemple 3** où il y a beaucoup d'affluence, les touristes n'ont pas attendu. Le temps passé avec la personne chargée de l'accueil est un temps de qualité car il est utilisé de façon positive pour faciliter les choses au visiteur.

Dans l'**exemple 2**, la cliente ne sait pas vraiment ce qu'elle veut, et ses propos semblent en effet inquiéter un peu l'hôtesse. En effet, elle ne veut pas cautionner une personne inexpérimentée dans son projet de partir randonner seule en montagne, mais elle ne peut que l'informer des formalités recommandées, ce qu'elle fait en conservant d'un bout à l'autre de la conversation son calme et son amabilité.

Dans l'**exemple 1**, la personne chargée d'accueil joue également un rôle de conseil dans le choix des places.

Le comportement de la personne chargée d'accueil répond bien aux critères d'amabilité évoqués plus haut. Dans l'**exemple 2**, l'hôtesse sait également faire preuve de **patience** et garder son **calme**.

• *Le visiteur pouvait-il se passer de cette phase d'accueil ?*

À l'évidence, il est toujours possible de ne pas s'adresser à l'office de tourisme, certaines personnes préfèrent découvrir par elles-mêmes. Cependant, dans chacun des trois exemples, le recours à l'office du tourisme facilite les choses. Dans le premier exemple, les touristes sont conseillés par une personne expérimentée, qui sait comment les choses se passent. Dans le second, la visiteuse rassemble en quelques minutes une foule d'informations utiles à son projet de vacances. Dans le troisième exemple, l'hôtesse évite au couple de touristes une longue et fastidieuse recherche d'hôtels.

On constate que les personnes chargées d'accueil remplissent bien leur rôle et qu'il serait à la limite dommage de ne pas utiliser les possibilités de ce service.

- *L'accueil répond-il aux besoins produits par ce contexte particulier ? Site, résultats, et relation d'accueil sont-ils adaptés aux attentes du public ?*

Enfin, on peut dire que pour les trois cas, l'accueil mis en place répond bien aux besoins spécifiques définis plus haut. À l'exception du premier, chaque site montre un aspect agréable et attrayant. Le site de l'exemple 1 semble en fait installé dans le provisoire, et c'est peut-être le cas : avant de posséder son site propre, l'office du tourisme de cette petite ville occupe un autre local.

Les critères d'**amabilité**, de **sourire**, d'**efficacité** et de **rapidité** sont tous parfaitement satisfaits. Seul à l'**exemple 3**, on peut regretter la file d'attente, et il serait bon d'observer à quoi elle est due afin d'y remédier.

En comparaison avec les autres types d'accueil observés dans les cas précédents, on remarque la permanence du souci d'efficacité. Ici, toutefois, l'accent porte davantage sur l'amabilité et tout ce qui rend le site attrayant; cette préoccupation n'était absolument pas importante dans les deux cas étudiés auparavant (administration, hôpital).

Les **points forts** communs à chaque exemple tiennent à l'attitude des personnes chargées d'accueil qui se montrent **aimables, attentives, compétentes, rapides** dans leur mission. Citons également d'autres point forts aux **exemples 2** et **3** : l'effort de présentation du site, en effet tout ce qui rend le **site attrayant** travaille à la fois dans le sens du visiteur et répond aux objectifs de promotion des personnes impliquées dans l'économie touristique.

De plus, et ce point s'inscrit en nette différence avec tout ce qui a été observé auparavant : les personnes chargées d'accueil saluent leurs interlocuteurs : **Bonjour Monsieur, Bonjour Madame**. Il est évident que cela crée **une bonne introduction à une relation agréable.** Aujourd'hui, on tend à observer ce rituel dans toute interaction commerciale, et même effectué avec maladresse, il joue son rôle de reconnaissance de l'interlocuteur.

La personne que l'on salue est identifiée, reconnue en tant qu'individu pleinement différencié, celle qu'on ne salue pas ou peu ou de travers demeure une inconnue dans la masse non identifiée du « public ».

Le seul point faible qu'il soit possible de tenir, c'est la **médiocrité de la présentation du site** à l'**exemple 1**. Celle-ci est rapidement démentie par la compétence et la gentillesse de l'hôtesse, mais, nous ne devons jamais oublier que l'aspect du site participe à un certain degré à la première impression et quand on connaît son importance, on sait qu'il ne faut rien laisser au hasard en ce domaine.

Les règles d'or

En résumé, nous pouvons dire que dans les trois exemples observés, l'accueil mis en œuvre par les personne répond bien aux critères requis. Il faudra donc retenir de ceci que, pour organiser un accueil performant sur un site tel qu'un office de tourisme, nos efforts devront viser à :
– rendre le site attrayant
– offrir une qualité constante d'amabilité, de sourire et d'efficacité.
En fait, dès l'instant où l'on comprend clairement les attentes des utilisateurs, il devient facile de s'organiser pour y apporter une réponse adaptée.

4 – L'accueil dans une agence de voyage

À l'agence de voyage, le pire et le meilleur se côtoient, du client qui rêve en regardant les images paradisiaques d'un catalogue de vacances, à celui qui vient réserver une place sur un vol généralement surchargé, en passant par celui qui vient se plaindre d'un voyage calamiteux, la personne chargée de l'accueil ne s'ennuie pas ! La tâche est rude car il lui faut s'adapter à chaque client, et trouver à chaque fois la bonne attitude. Il est vrai que les conditions du marché ont beaucoup changé pour les agences de voyage, une concurrence sévère oppose les différentes compagnies de transport, les clients se décident parfois très rapidement pour une destination et profitent ainsi de pris bradés. La demande du client a également évolué : mieux informé, il est devenu plus exigeant. Dans ce contexte, nous allons observer quelques exemples de scènes d'accueil en agence de voyage.

Exemple 1

Un client vient pour changer la date et l'heure de son voyage. L'agence de voyage est saturée.

Bruno pousse la porte de l'agence et esquisse un mouvement de recul, il y a beaucoup de monde, il va devoir attendre. La façade est très longue, et laisse supposer un vaste local, mais il n'en est rien. La pièce, toute en longueur se révèle en fait étroite, et plutôt

exiguë. Il y a quatre bureaux munis de postes informatiques et d'une belle brochette de téléphones derrière lesquels travaille un employé. Une rangée de sièges longe la vitrine, les clients attendent, et dès qu'une place se libère s'y précipitent.

A l'entrée de l'agence se trouve une jeune femme souriante, vêtue un peu à la manière des hôtesses de l'air, elle salue chaque client qui entre et s'adresse à Bruno :

– *Bonjour Monsieur, que puis-je faire pour vous ?*

– *Bonjour Mademoiselle, j'avais réservé un vol pour Milan la semaine prochaine, mais je dois changer la date.*

– *Montrez-moi votre billet.*

– *Voilà.*

– *Hum... D'accord, voilà ce que je vous propose. Si vous n'êtes pas trop pressé, vous me donnez vos nouveaux horaires, et vous pourrez passer prendre votre billet demain matin. Si vous préférez attendre et l'avoir dès ce soir, installez-vous et soyez un peu patient. Que préférez-vous ?*

– *Je préfère revenir demain.*

– *Très bien Monsieur, inscrivez vos dates et heures sur cette fiche, je m'en occupe au plus vite.*

– *Merci beaucoup, alors à demain.*

– *À demain.*

Bruno, très content, constate qu'il n'est pas resté plus de cinq minutes. Quelle bonne idée se dit-il, une hôtesse qui « trie » les demandes à l'entrée quand il y a foule... Tiens, tiens, je devrais peut-être m'en inspirer dans mon travail !

Exemple 2

Une dame veut partir en vacances, mais elle hésite...

Martine se sent un peu déprimée, elle travaille beaucoup et ne sait pas s'arrêter, alors, il y a du stress, de l'énergie gaspillée. Elle décide de prendre une semaine de vacances, en général, c'est radical contre le surmenage ! Elle a ses habitudes dans une agence près de chez elle, aujourd'hui, la vitrine s'orne de la photo d'un paquebot voguant sur une mer d'un bleu d'azur, laissant apparaître une île, son port, ses maisons blanches...

À l'intérieur, la boutique est petite, deux employées y travaillent, au milieu d'un joyeux désordre. L'une d'entre elles est au téléphone, l'autre reconnaît Martine et la salue :

– *Bonjour Madame ! Entrez, asseyez-vous, que puis-je faire pour vous ?*

– *Bonjour Mireille, je prends une semaine de vacances, mais je ne sais pas où aller... Aidez-moi à choisir.*

– *Voyons, qu'est-ce qui vous plairait ? La mer, la montagne, une croisière...*

– *J'ai peur de m'ennuyer en croisière, voir toujours les mêmes têtes...*

– *Le bateau fait escale tous les jours, cela vous permet de voir beaucoup de choses en peu de temps, et surtout d'y arriver par la mer cela change les choses, en ce moment, les croisières ne sont pas chères.*

– *En Novembre, la Méditerranée est souvent agitée !*

– *Et les Antilles, vous connaissez ?*

– *Je crains d'avoir trop chaud !*

– *Les hôtels sont climatisés.*

– *Sans doute, mais je ne pars pas pour rester dans ma chambre d'hôtel !.*

– *Et la montagne, j'ai en ce moment des promotions sur les Alpes !*

– *Cela ne me dit rien, je ne suis pas sportive, et puis, ce n'est pas sûr qu'il y ait de la neige en cette saison !*

– *Et si vous m'expliquiez quelle sorte de vacances vous voulez ?*

– *J'ai surtout besoin de me changer les idées, je suis exténuée et j'ai besoin de me reposer.*

– *Et un séjour avec thalassothérapie ? Il en existe des centres un peu partout, regardez cette brochure...*

– *Et pourquoi pas ? C'est une bonne idée, il faut que j'y réfléchisse... Oh et puis non, si je réfléchis trop, je ne partirai pas. Une question quand même, lequel me conseillez-vous ?*

– *Avec ma collègue, nous avons visité ceux de Bretagne, cela nous a beaucoup plu, en plus il y a aussi d'excellents restaurants à proximité.*

– *Bon c'est d'accord, faites-moi les réservations, voici les dates, je me sauve, j'ai un rendez-vous important, quand c'est prêt vous me téléphonez au bureau.*

– *C'est parfait, merci, à bientôt.*

– *C'est moi qui vous remercie, à bientôt !*

Exemple 3

Un client mécontent se présente à l'agence.

Marc-Antoine passe devant la façade, l'affiche aux couleurs criardes qui vante les vacances en Rapacie qu'il vient de passer augmente encore sa mauvaise humeur. En effet, ses vacances à lui ont été épouvantables, outre le mauvais temps, il a été dévalisé, les prestations annoncées n'ont pas été réalisées, il est bien décidé à le faire savoir.

À l'intérieur, tout est fait pour inciter au voyage, objets exotiques, photos panoramiques de paysages tropicaux. De luxueuses brochures sont à la disposition des clients. Le cadre est confortable, et, il y a quatre hôtesses postées à de beaux bureaux au design original.

Marc-Antoine attend que l'hôtesse qui lui a vendu ses vacances soit libre puis s'installe à son bureau.

– *Bonjour Monsieur, alors, je vois que vous êtes bien bronzé, et ces vacances...*

– *Comment, vous n'avez pas eu mon fax ?*

– *...Hum, il semble que non !*

– *Celui que je vous ai passé à l'aéroport de Rapassopolis ?*

– *Non, je suis désolée.*

– *Nous ne pouvions pas à vous joindre par téléphone, c'était un dimanche. Nous sommes arrivés avec trois heures de retard, le car qui devait nous conduire était introuvable, la personne de l'agence n'était pas là non plus. Tout le groupe est resté coincé à l'aéroport. Finalement, quelqu'un a réussi à se débrouiller pour trouver un car et on nous a conduit à l'hôtel.*

– *À votre retour, vous a-t-on donné les fiches de réclamation ?*

– *Non, je ne sais pas si elles auraient suffi, parce que les ennuis ne se sont pas arrêtés là.*

– *Tenez, il faut absolument signaler tout cela par écrit pour informer les responsables. Ce que vous me dites est tout à fait anormal, et inhabituel. Ma collègue a fait ce voyage l'année dernière, justement pour tout vérifier avant qu'on le mette en promotion, je suis très surprise.*

– *Les surprises, on en a eu, et rien que des mauvaises ! Il poursuit :*

– *À l'hôtel, la clim ne marchait pas, il n'y avait pas d'eau chaude dans les douches, les chambres étaient sales, la nourriture affreuse. Cinq personnes ont été malades, dont ma femme ! Et pour tout arranger, on nous a demandé des suppléments ! Pour avoir de l'eau chaude, des draps propres... L'exploitation du touriste, on peut dire qu'ils s'y connaissent. Je ne suis pas près de reprendre un voyage chez vous.*

– *Prenez la fiche et remplissez-là avec précision, si vous manquez de place, ajoutez une feuille, tenez, voilà. Je vous donne un enveloppe préaffranchie pour la poster au plus vite dès que ce sera prêt.*

– *Je peux m'installer ici ?*

– *Bien sûr, vous pouvez aussi emporter le tout et faire cela tranquillement chez vous, c'est comme vous préférez.*

– *Je vous remercie, en fait, je préfère l'emporter à la maison, en y réfléchissant, il y a peut-être des choses à signaler dont je ne me souviens pas.*

– *N'oubliez pas d'indiquer vos coordonnées, la compagnie ne laissera pas passer cela sans faire un geste, soyez tranquille.*

– *Je n'en espérais pas tant !*

– *Nous faisons le maximum pour satisfaire nos clients. J'espère à bientôt Monsieur.*

– *Au revoir Mademoiselle !*

QUIZZ

Questions au lecteur :

I – Qu'attendez-vous précisément d'une agence de voyage ? Classer les réponses par ordre d'importance selon vous.

1 – Des renseignements utiles, des conseils ☐

2 – Avoir affaire à des gens compétents
qui connaissent leurs produits ☐

3 – Des idées de voyages ☐

4 – L'organisation des transports et de
l'hébergement pour mes déplacements ☐

5 – Comparer les prix et m'offrir les meilleures
solutions ☐

**II – Laquelle des agences avez-vous préféré ?
et pourquoi ?**

1 – L'exemple 1 ☐

2 – L'exemple 2 ☐

3 – L'exemple 3 ☐

**III – Dans quelle agence éviteriez-vous d'entrer ?
et pourquoi ?**

1 – L'exemple 1 ☐

2 – L'exemple 2 ☐

3 – L'exemple 3 ☐

IV – **Quelle hôtesse préférez-vous, pourquoi ?**

   1 – L'exemple 1 ☐

   2 – L'exemple 2 ☐

   3 – L'exemple 3 ☐

V – **Quel est le rôle d'hôtesse que vous n'aimeriez pas assumer, pourquoi ?**

   1 – L'exemple 1 ☐

   2 – L'exemple 2 ☐

   3 – L'exemple 3 ☐

VI – **À l'exemple 2 auriez-vous procédé autrement ? Expliquez comment ?**

....

VII – **Quelles sont les qualités indispensables pour bien assumer le rôle d'accueil dans une agence de voyage ? Classer les réponses selon l'importance accordée à chacune.**

   1 – Amabilité et bonne humeur ☐

   2 – Grande capacité d'écoute ☐

   3 – Excellente connaissance des produits ☐

   4 – Calme et patience ☐

   5 – Imagination et capacité de conseil ☐

VII – **SI vous étiez hôtesse dans une agence de voyage, dans quelle agence aimeriez-vous travailler parmi les trois présentées ci-dessus ?**

   1 – L'exemple 1 ☐

   2 – L'exemple 2 ☐

   3 – L'exemple 3 ☐

VIII – Si vous avez choisi l'exemple 1, dites pourquoi ?

....

IX – Si vous avez choisi l'exemple 2,
dites pourquoi ?

....

X – Si vous avez choisi l'exemple 1, dites pourquoi ?

....

Nos commentaires suivant la grille d'analyse

• *Comment définir une agence de voyage ?*

Une agence de voyage est une entreprise commerciale, on
y achète des voyages, des séjours, y effectue des réservations, etc... Dans le cas d'organisateurs de tourisme,
voyages et séjours, l'agence n'est que la partie émergée de
l'iceberg, l'interface entre le fabricant et le client. Dans ce
type d'agence, on vend presque exclusivement les produits mis au point par l'organisateur. Il existe également
un autre type d'agence, cette fois, plus polyvalente qui
vend plusieurs types de produits proposés par différents
organisateurs, ces agences vendent également des billets
de train, d'avions, effectuent des réservations hôtelières ou
des locations de voitures. Enfin, on trouve de toutes petites
agences quelque peu marginales qui vendent des produits
très spécifiques : randonnées à pied, à vélo, à cheval,
observation de volcans et autres phénomènes naturels,

etc... et cela dans des destinations parfois très lointaines ou passablement peu fréquentées. Nous n'avons pas choisi de présenter d'exemples tirés de ce contexte précis, car ils ne sont pas majoritaires, loin s'en faut. En outre, le climat y diffère beaucoup par rapport à une agence classique.

Il ne faut donc pas les confondre, car elles ne rendent pas les mêmes services. Dans l'**exemple 1**, il s'agit de l'**agence d'un organisateur de tourisme**, dans le second d'une **agence polyvalente**, et dans le troisième il s'agit encore d'une agence exclusivement destinée à vendre les produits de l'organisateur de tourisme.

Dans ce domaine aussi, la concurrence est rude, c'est à qui trouvera un produit au prix imbattable, une destination encore peu fréquentée, des vacances originales. La demande du client évolue, un certain nombre de gens veulent donner une dimension ou culturelle ou sportive, ou les deux à leurs vacances. L'organisateur de voyage doit sans cesse s'adapter à ces nouvelles données. Il en résulte que la demande en termes d'accueil évolue aussi. S'il n'est pas un fervent adepte de l'Internet, le client aime à être conseillé par des gens compétents, à l'instar de certains magasins de sport dont les vendeurs pratiquent tous un sport, on trouve de plus en plus souvent dans les agences de voyage, des personnes qui ont elles-même effectué certains voyages, voire prospecté sur le terrain à la recherche d'hôtels ou de services performants.

L'agence de voyage ne vend quasiment rien qui soit immédiatement consommable il s'agit toujours d'une consommation différée. La part de rêve se doit d'occuper une vaste place dans la transaction pour que le client puisse passer réellement à la phase finale de sa décision d'achat. Ces grands traits définissent rapidement ce qu'est une agence de voyage, et nous verrons que c'est très utile de partir d'une définition précise pour mieux comprendre quels besoins spécifiques en termes d'accueil demandent alors à être pris en charge.

- *À quoi sert une agence de voyage ?*
  Quelle est sa fonction ? Que produit-elle ?

Comme nous l'avons expliqué plus haut, l'agence de voyage sert pour l'essentiel à vendre les produits d'un ou de plusieurs organisateurs de tourisme : voyages, séjours, croisières, raids, randonnées, etc... En outre, certaines agences organisent des déplacements pour leurs clients : réservations de vols, location de voiture, nuits d'hôtels, réservation de salle de réunion, etc..

Les fonctions d'une agence sont donc un peu plus variées qu'elles ne semblent en première lecture car elles mêlent produits et services. Toutefois, les petites agences, telles que celle observée à l'**exemple 2** tendent à disparaître au profit de celles qui sont exclusivement les façades de grandes compagnies. Ces dernières tendent à uniformiser le produit, ainsi, le client qui s'adresse à toute agence de la même chaîne est sûr d'y trouver le même accueil, les mêmes produits, les mêmes prix, etc... Ce même phénomène s'observe également depuis déjà plus longtemps dans les restaurants à thème.

Cette uniformisation a pour but d'obtenir une bonne stabilité de la qualité, et donc de participer à un meilleur rendement, cependant ce n'est pas toujours au profit du client, même si celui-ci sert de prétexte à la mise en place de tels systèmes.

Mais, que produit une agence de voyage ? Pour l'essentiel du rêve, fabriqué avec soin pour répondre aux goûts du public, en effet, en tourisme comme ailleurs, les modes changent, certaines destinations ne retiennent plus l'attention des touristes, d'autres émergent. Il n'est pas toujours facile d'expliquer cela autrement qu'en faisant précisément appel à cette part de rêve produite par le fabricant lui-même. Si l'on vante l'exotisme, ou la nature préservée d'une île peu fréquentée, on sait très bien que cela ne durera pas, cette merveilleuse contrée sera « valorisée », « développée » et il faudra bien trouver une autre destination pour continuer d'offrir à l'avidité du touriste une terre exotique à la nature préservée !

• *Quels sont les intérêts en jeu dans le fonctionnement de l'agence de voyage ? A qui profite cette activité ?*

En effet, on justifie souvent l'évolution d'un service par celle de la demande du client, or, il apparaît que les choses sont en réalité moins simples, la demande du client évolue aussi en fonction de ce qu'on lui propose. Ainsi, pour le tourisme, l'exigence de qualité des prestations a augmenté, et obligé les professionnels à évoluer vers de meilleures prestations. La normalisation des prestations permet un contrôle plus efficace de la qualité, et limite la place de l'improvisation.

Si l'agence de voyage apporte un réel service au client, n'oublions pas sa vocation commerciale. Comme toute entreprise de ce type, son premier but est le profit. Les bénéficiaires d'une bonne gestion et de bons profits ne sont pas les clients mais ceux qui participent à la marche de l'affaire par l'apport de capitaux et celui de compétences.

• *Comment le visiteur, le client, l'usager, perçoit-il l'agence de voyage ? Quelle est son image auprès du public ?*

Le client a développé au fil des expériences une **image mitigée** de l'agence de voyage. D'un côté, nous trouvons de nombreuses images valorisées : **rêves, évasion du quotidien, richesse, plaisir**, et, d'un autre côté de nombreuses images nettement péjoratives : **prix élevé, manque de fiabilité, arnaque, voire danger.**

C'est qu'il y a eu des dérives pour ne pas dire des bavures ! De très nombreuses agences se sont en effet développées tandis que l'usage des vols charters devenait plus fréquent et plus banal. Le prix des voyages en baisse, certaines destinations devenaient abordables au tourisme de masse. En outre, un engouement indéniable du public rendait possible l'émergence de nombreuses sociétés nouvelles d'exploitation de cette manne. Sur le nombre, peu demeurent encore aujourd'hui, et un réel effort a été mis en œuvre pour réparer l'image que certains organisateurs de tourisme avaient quelque peu mis à mal !

Un des points qu'on observe fréquemment consiste à associer l'agence de **voyage** avec le **rêve**. Dans la grisaille et la déprime ambiante des grandes villes, les magnifiques images qui ornent les vitrines des agences incitent à l'évasion, au rêve. Il y a également une association de cette image avec celle de la richesse. Même si les organisateurs de tourisme proposent des prix attractifs, les vacances, les voyages et le tourisme demeurent « chers », car ils appartiennent à une catégorie d'objets qu'on pourrait qualifier d'indispensable superflu.

À cela s'ajoutent différentes informations à propos du coût des prestations d'agence, lequel diffère selon des critères difficiles à estimer parfois, et surtout pour le client. Il est vrai aussi qu'à la suite de différents événements affectant les agences de voyage et autres organisateurs de tourisme, les médias ne se privent pas d'effectuer des enquêtes des reportages où le spectaculaire l'emporte parfois sur le reste. Seules demeurent les images fortes, positives et négatives liées aux agences de voyage. Ensuite, l'expérience personnelle du client fait la différence.

• *Quels sont les besoins générés par ce contexte en termes d'accueil ?*

En termes d'accueil, cette présentation des différents caractères de l'agence de voyage nous amène à identifier quelques grandes lignes. Comme toute entreprise commerciale, il s'agit de développer et de renforcer la bonne première impression, par une relation positive avec le client.

L'accueil va donc participer à la création d'une bonne première impression, puis permettre de nouer une relation agréable, enfin de l'entretenir. Le client qui entre dans l'agence s'attend à être reçu avec le sourire quelle que soit l'heure de la journée, être écouté de façon active et compétente, enfin il souhaite qu'on s'occupe rapidement de sa demande. En outre, lors de l'achat d'un voyage, une forte demande de sécurisation apparaît, en liaison avec de

mauvaises expériences de voyages, qu'elles soient personnelles ou non d'ailleurs.

Beaucoup de gens redoutent les longs voyages, surtout
lorsqu'ils n'y sont pas habitués.

Une attitude souriante, aimable, patiente, compétente,
de forts arguments pour combattre
les différentes inquiétudes liées aux voyages
et sécuriser le client
constituent l'essentiel des besoins en termes d'accueil.

D'autre part, le **besoin de rêver ne doit jamais être négligé**
car il est souvent le déclencheur de la demande. Il
convient cependant de le manipuler avec précaution. Si le
client rêve trop, il n'entendra pas ce qu'on lui dit et s'éton-
nera en découvrant que l'hôtel n'a pas de piscine alors
qu'il est sûr et certain de l'avoir vue sur le
catalogue...Regardait-il la bonne image ? A-t-il entendu
l'hôtesse lui faire remarquer que l'hôtel qu'il avait choisi
n'avait pas de piscine... Autant de questions qui resteront
évidemment sans réponse.

Toute l'habileté de l'hôtesse va consister à maintenir le rêve
sans éluder les détails de la réalité qui attend son client.

• *Accueil et accessibilité du site, de l'information*

D'une façon générale, les sites à dimension commerciale sont
conçus pour offrir une image attrayante, qui donne envie au
client de s'y intéresser. C'est le point de départ du processus
d'achat : le client passe, voit une image, isole un indice,

un détail et un déclic se produit qui le conduit à aller plus loin, s'informer, voire entrer réellement dans l'acte d'achat.

C'est pourquoi, l'accessibilité au site, revêt une telle importance. Si elle est tout à fait réalisée, comme c'est le cas dans les exemples cités, le client passe tout naturellement de l'extérieur à l'intérieur. Cependant, les choses se compliquent dès qu'on franchit la porte.

Dans l'**exemple 1**, il y a probablement un important dysfonctionnement car on observe une file d'attente. Cela peut se produire à certaines périodes de l'année, à l'occasion de dates de vacances, de sortie du nouveau catalogue, ou à la suite de perturbations diverses telles qu'un décalage de dates, des réservations à changer, ou bien encore l'absence d'un employé. L'accessibilité se trouve alors longue et difficile, il faut en effet attendre qu'un bureau se libère. En revanche, la gestion de cet embouteillage fonctionne à la grande satisfaction de notre client. Une employée de l'agence vient **accueillir chaque personne à l'entrée**, s'informe brièvement du motif de sa visite, et traite au mieux la demande, de sorte que, seules les personnes dont on ne peut éluder le problème rapidement demeurent à attendre leur tour. Tous les autres clients voient leur demande prise en charge en quelques minutes.

L'accessibilité aux informations sur les produits et services ne se fait que par l'intermédiaire des employés de l'agence, ce qui est mis en évidence dans la vitrine ou le local peut être considéré davantage comme de la publicité que de l'information. Le client doit donc s'informer auprès d'un employé pour obtenir les précisions qu'il souhaite connaître à propos de cet indice qui l'a conduit à entrer.

Dans l'**exemple 2**, l'accessibilité donne toute satisfaction dans la mesure où il n'y a pas beaucoup de monde. L'agence dispose en effet d'un local exigu. Les informations que vient chercher notre cliente lui sont données par l'employée, les seules qui lui soient accessibles sont des éléments de la vitrine, affiches, photos, tarifs. On a affaire dans cet exemple à un cas où l'importance relationnelle l'emporte sur d'autres considérations. Notre cliente a ses habitudes à l'agence, elle vient chercher un conseil et accorde sa confiance à son interlocutrice.

L'**exemple 3**, pour sa part, se différencie un peu des autres par l'**excellence de la présentation**. La vitrine montre bien sûr les mêmes images attrayantes, mais la décoration intérieure met l'accent sur le luxe et l'exotisme. Il est vrai qu'un établissement commercial d'allure prospère présente le plus souvent un meilleur rendement qu'un autre d'aspect plus modeste, et ceci explique cela. Dans cet exemple, il y a aussi un peu d'attente car notre client mécontent veut avoir affaire à la personne qui lui a vendu le voyage dont il a tant à se plaindre. Dans cet exemple, malgré les récriminations du client, on peut dire que l'accueil demeure facile d'accès. Les informations quant à elles doivent être distribuées par l'hôtesse, apparemment le client ne connaît pas la marche à suivre pour exprimer son mécontentement de manière efficace.

• *Le temps passé au bureau d'accueil est-il justifié ?*
Par la qualité du service, celle de la relation... ?

L'**exemple 1** illustre une façon de gérer les files d'attente, ici, il n'y a pas de temps perdu, tout va très vite, la demande est prise en charge par une écoute attentive et compétente.

A l'**exemple 2**, le temps passé est un peu plus long, mais d'excellente qualité, l'hôtesse commence par se fourvoyer quelque peu en proposant différentes sortes de vacances, mais, cela détend sa cliente qui discerne ensuite mieux ce qui lui convient. Ensuite, l'hôtesse suggère une formule qui emporte l'adhésion de sa cliente. Cette dernière se trouve parfaitement satisfaite car elle a trouvé une idée à laquelle elle n'avait pas songé auparavant. L'accueil et l'habileté de l'hôtesse ont fait leurs preuves. Il est vrai qu'une telle cliente pose souvent des problèmes car son comportement pourrait faire perdre patience à la personne chargée d'accueil.

Il faut en effet beaucoup de calme pour gérer les hésitations, et encore plus pour les récriminations. A l'**exemple 3**, l'hôtesse fait preuve d'une parfaite maîtrise de la situation. Elle accueille son client avec amabilité, l'écoute attentivement, n'approuve ni ne désapprouve ses propos mais les accepte sans commentaire personnel, elle trouve alors un moyen qui va permettre de régler le problème : le client doit exprimer toutes ses plaintes par écrit, il dispose alors d'un formulaire d'évaluation en cas de problème. Comme le client ne s'attend pas à ce qu'on prenne réellement en charge sa plainte, la surprise n'est que plus intéressante au point qu'il choisit de quitter les lieux pour remplir sa fiche tranquillement.

• *Le visiteur pouvait-il se passer de cette phase d'accueil ?*

Comme nous l'avons souligné à plusieurs reprises, lorsqu'un client franchit le seuil d'une agence de voyage, il n'a eu accès qu'à des informations qui peuvent être comprises comme de la publicité, les affiches indiquent certes les prix, mais le détail des prestations comprises dans ce montant n'y figure que rarement. Le passage au bureau s'avère donc indispensable.

D'autre part, dans l'**exemple 1**, la phase d'accueil organisée de façon à gérer la file d'attente semble tout à fait indispensable. Cela permet de traiter efficacement toutes les demandes, et d'épargner l'attente à bon nombre de clients.

* *L'accueil répond-il aux besoins produits par
ce contexte particulier ? Site, résultats, et relation
d'accueil sont-ils adaptés aux attentes du public ?*

**Une attitude souriante, aimable,
patiente, compétente,**
pour répondre à la nécessité de sécuriser le client.

L'acte d'achat ne peut se concrétiser que dans un climat de confiance, comme nous l'avons évoqué à maintes reprises dans un précédent ouvrage[3]. Il importe donc de mettre en œuvre tous les moyens pour réaliser un accueil conforme aux objectifs commerciaux ici en jeu.

Dans les exemples cités plus haut, on observe en effet que le comportement des personnes chargées d'accueillir les clients répond aux besoins spécifiques générés par le contexte de l'agence de voyage. Dans les **exemples 1** et **3**, il pourrait y avoir un risque de dépersonnalisation de la relation car il s'agit de structures commerciales d'une certaine importance et que, souvent, le client se trouve

---

3. *Mieux vendre avec le PNL,* Catherine Cudicio, Éditions d'Organisation.

considéré comme un numéro parmi d'autre. Or, cela ne se produit pas, tout au contraire. Dans l'**exemple 2** le cas est différent et dépasse quelque peu celui d'un accueil car il y a conseil et la vente est réalisée à l'issue de la relation.

L'accessibilité, qui représente pourtant une bonne partie de la phase d'accueil, est bien réalisée lorsqu'il s'agit de passer de l'extérieur à l'intérieur, en revanche, elle devient plus compliquée ensuite : dans l'**exemple 1** en raison de la file d'attente, dans l'**exemple 3** en raison surtout d'un manque d'information du client. On observera également dans cet exemple, car nous aurons souvent ce cas dans d'autres contextes, que le client mécontent cherche à entrer en relation avec un interlocuteur, si possible le même que celui auquel il a déjà eu affaire. Cette attitude correspond à un fort besoin de se rassurer, en retrouvant une personne déjà connue, le client se sent moins démuni en cas de problème, bien qu'en fait cela ne peut avoir aucune conséquence positive et tangible sur la gestion du problème !

Rappelons cependant qu'un voyage représente toujours un motif de stress, il y a en effet changement d'habitude de cadre, souvent les conditions du voyage causent de la fatigue, parfois même de petits problèmes de santé. Lors de la vente d'un voyage, et cela même s'il s'agit d'un voyage d'agrément ou de vacances, une légère partie de ce stress persiste, c'est ce qui explique la nécessité de sécuriser le client par un comportement adapté.

En résumé, les besoins particuliers en termes d'accueil semblent globalement satisfaits dans chacun des exemples : **sourire, amabilité, compétence** sont présents dans chaque situation, et viennent répondre au besoin de sécuriser le client.

• *Points forts, points faibles : qualité, adaptation.*

Enfin, nous pouvons souligner **quelques points forts** qui peuvent nous aider dans notre pratique de l'accueil. À l'**exemple 1**, nous avons particulièrement apprécié la bonne gestion de la file d'attente. Comme nous l'avons déjà fait remarquer, un trop grand formalisme va complètement à l'encontre d'une attitude commerciale efficace, il faut donc éviter de laisser se créer une file d'attente, du moins une file stagnante. Nous savons tous en effet qu'entre deux mêmes commerces, celui où s'étire une file d'attente sera généralement préféré car le client suppose que les produits sont de meilleure qualité ou exceptionnellement moins chers !

Cette mise en garde effectuée, la file d'attente est rarement appréciée du client sauf s'il sait exactement pourquoi il attend. À l'**exemple 1**, l'hôtesse effectue un tri et traite immédiatement toutes les demandes qu'elle peut prendre en charge, seules les autres demeurent en attente.

À l'**exemple 2, le point fort est la relation de confiance** que la personne chargée de l'accueil a su créer grâce à elle, la cliente se laisse conseiller et achète un séjour. Bien entendu, cela n'est pas toujours possible, notamment dans les grandes structures qui tendent à normaliser les relations au détriment d'une communication plus humaine. Il arrive que les personnes chargées d'accueillir et de conseiller les clients apprennent par cœur des phrases argumentaires qu'elles débitent ensuite en essayant d'être convaincantes. Nous verrons souvent cela dans les relations commerciales au téléphone.

Dans cet exemple, nous sommes à l'opposé d'une telle attitude, ce qui permet à l'hôtesse d'utiliser à très bon escient son attention et son intuition.

A l'**exemple 3, le point fort, c'est l'excellente gestion du problème.** Le client arrive mécontent mais s'en va sinon satisfait, du moins très occupé, son objectif initial consistait à faire entendre ses récriminations, son objectif final consiste aussi à les exprimer, mais différemment. Or, cette manière de faire fonctionne très bien car, la plupart des gens connaissent et croient en ce vieil adage qui affirme : les paroles s'envolent, les écrits restent ! Très peu de contextes à l'exception des cultures traditionnelles utilisent la parole donnée comme un engagement, seul l'écrit a de la valeur lorsqu'il s'agit de conclure un marché, un contrat, et toute autre formalité. Donc, si on demande expressément au client de consigner minutieusement toutes ses récriminations, il comprend que son problème sera reconnu, et vraisemblablement traité ce qui le rassure et calme son mécontentement. Pour toutes ces raisons, l'attitude de la personne chargée de l'accueil apparaît tout à fait adaptée et positive.

> **Ces trois points forts : gestion de la file d'attente, relation de confiance, gestion du mécontentement sont à retenir pour l'application car ils participent à la réalisation d'un accueil performant en apportant une réponse efficace à des problèmes courants.**

Dans ces exemples, on ne relève pas de point faible vraiment important, seul un temps d'attente pourrait être souligné, mais, soit il est traité efficacement (**exemple 1**), soit il est compris et accepté (**exemple 3**). Il est vrai aussi que dans les structures commerciales, l'accès au site, se trouve le plus souvent facilité pour les besoins de l'achat, c'est bien entendu le cas pour les agences de voyage.

Les règles d'Or de l'application

Pour l'application, nous retenons tout d'abord que la variété des tâches à assumer pour les personnes chargées d'accueil en agence de voyage exige souplesse et polyvalence en plus des qualités spécifiques de ce métier.

Le second point à retenir est la nécessité de sécuriser le client en faisant preuve d'amabilité et d'efficacité. La notion de voyage recoupe celle de mobilité et de dynamisme, il est donc tout à fait indispensable qu'elle soit également transmise lors de l'accueil.

5 – L'accueil dans les gares et aérogares

Nous voici à présent dans un autre contexte, qui n'est pas sans rapport avec le voyage et en tous cas s'en trouve plus proche que l'agence. Gares, et aéroports font partie du terrain.

Ici, le bureau d'accueil gère différents problèmes, il a souvent plusieurs fonctions, ce qui complique les choses lorsqu'il s'agit de cerner avec précision l'identité d'une telle structure. Les quelques exemples qui suivent montrent les différences essentielles par rapport aux autres contextes évoqués auparavant.

Exemple 1

Dans une grande gare, la foule se presse, une dame l'air affolé, se présente au guichet, bouscule deux ou trois personnes qui protestent et se retrouve devant le comptoir et la vitre de l'accueil où siège une hôtesse qui la dévisage.

– *On m'a volé mon sac !*

– *Adressez-vous au poste de police, premier étage, à droite au fond du couloir. répond l'hôtesse machinalement, le cas lui semble tout à fait banal.*

– *Mais mon train va partir !*

– *Il faut quand même signaler le vol, on vous changera le billet.*

– *Vous croyez ? fait la dame...J'étais juste en train de composter mon billet quand c'est arrivé...*

– *Allez d'abord au poste de police, ils vont s'en occuper. répète l'hôtesse.*

- *Bon...Si vous le dites ! dit la dame qui s'éloigne.*

Exemple 2

Au même guichet un vieux monsieur se présente, soulève son chapeau et s'adresse à l'hôtesse :

– *Pardon Mademoiselle, le train de Bordeaux est sur quel quai ?*

– *Regardez sur le tableau d'affichage ou sur tous les écrans en haut, vous verrez les annonces de départ et d'arrivée.*

– *Oui, j'ai bien regardé le tableau, mais je ne vois pas le train de Bordeaux !*

– *Au départ ou à l'arrivée ?*

– *À l'arrivée ! Je viens chercher mes petits-enfants !*

– *Il arrive à quelle heure le train que vous attendez ?*

– *11H 52, c'est marqué là sur la fiche horaire.*

L'hôtesse regarde sa montre puis la pendule de la gare.

– *L'arrivée du train ne peut pas être affichée, vous avez près de deux heures d'avance. Les trains sont annoncés en général une heure avant.*

Le monsieur a l'air très déconcerté, il regarde sa montre, puis la grande horloge.

– *Oui, vous avez raison, dans ce cas... Excusez-moi, au revoir Mademoiselle.*

– *Au revoir Monsieur.*

Exemple 3

Dans une grande gare d'une capitale européenne, Delphine sort du train, parcourt le quai, cherche à s'orienter, consulte un tableau d'informations. Elle doit changer de gare pour prendre un autre train environ deux heures plus tard. Arrivée à l'intérieur de la gare, elle trouve un grand plan du métro et remarque que le trajet est direct entre les deux gares, elle pensait prendre un taxi mais choisit plutôt le métro. Soudain, un jeune homme vêtu d'un costume vert laitue se précipite vers elle.

– *Bonjour Madame, vous êtes française ? italienne ? je suis là pour vous aider. Où voulez-vous aller ? dit-il en français avec un fort accent qui fait sourire Delphine.*

– *Bonjour Monsieur, je vous remercie mais je n'ai pas besoin de votre aide. Je sais où je vais ! répond Delphine*

– *Je suis sûr que je peux vous aider ! persiste l'autre, demandez-moi un renseignement !*

– *Écoutez, je n'ai besoin de rien, je vous remercie, maintenant, laissez-moi passer répond Delphine en reprenant sa marche.*

– *Je suis là pour aider les touristes étrangers ! Insiste le jeune homme, comme un peu déçu. Je travaille ici, vous savez, Si vous avez besoin d'un renseignement...continue-t-il avec un sourire imperturbable.*

– *Quelle bonne idée vraiment ! plaisante Delphine, qui continue à marcher. Dites-moi alors où se trouve l'entrée du métro !*

– *Juste ici, à votre droite ! Bonne journée, bon séjour, à bientôt, Ciao !*

– *Au-revoir ! Delphine sourit, le jeune homme en vert a trouvé un autre touriste étranger !*

Exemple 4

L'accueil de l'aérogare est situé au milieu d'un grand hall, juste en face de l'entrée, il s'agit d'un espace d'accueil qui comprend un vaste comptoir abritant des bureaux, un tableau d'affichage lumineux, une sorte de petit salon avec des fauteuils et des journaux posés sur une table basse, le tout se trouvant en quelque sorte séparé du grand hall par des plantes vertes. Plusieurs hôtesses revêtues d'uniformes vont et viennent derrière ce comptoir ou travaillent à un poste informatique. Certaines d'entre elles sortent pour aller à la rencontre de leurs interlocuteurs.

Un monsieur l'air agité et très mécontent se présente :

– *Je n'ai pas eu mes bagages !*

– *Bonjour Monsieur ! Que puis-je faire pour vous ? répond une des hôtesses avec un sourire commercial.*

– *J'arrive de Montréal et mes bagages n'ont pas suivi, ils ne sont pas à l'arrivée ! crie le monsieur.*

– *Quelle est la compagnie qui assurait ce vol ? L'hôtesse garde son calme et son sourire.*

– *Laplume Airlines.*

– *Dans ce cas, vous devez aller à leur comptoir, c'est là, un peu plus loin à gauche, je vais vous montrer. L'hôtesse joint le geste à la parole et indique l'endroit où le monsieur doit se rendre. Ils vont s'occuper de vous !*

– *Bien, Merci Mademoiselle ! dit le monsieur en partant.*

- De rien, Monsieur, à votre service ! répond l'hôtesse avec un sourire.

Exemple 5

A ce même bureau d'accueil, une dame se présente, l'air un peu perdue.

– *Bonjour Madame, que puis-je faire pour vous ? interroge l'hôtesse toujours aussi souriante.*

– *J'arrive de Tokyo, quelqu'un devait venir m'accueillir...*

– *Et vous n'avez vu personne ? Avez-vous regardé au point de rendez-vous ? demande l'hôtesse avec gentillesse.*

– *Oui, mais, je n'ai trouvé personne.*

– *Nous allons appeler. Quel est votre nom ?*

– *Madame Rossignol*

– *Et qui devait venir vous chercher ?*

– *Monsieur Pinson de la société Laplume and Co.*

L'hôtesse écrit quelque chose sur une feuille, puis se munit d'un micro, une petite sonnerie retentit dans tout le hall et le message suit :

– *Votre attention s'il vous plaît, Monsieur Pinson de la société Laplume and Co est attendu à l'accueil de toute urgence.*

L'hôtesse s'adresse maintenant à la dame :

– *Bien, asseyez-vous, patientez un peu, si ce monsieur est ici, il va arriver très vite !*

– *J'espère dit la dame en s'éloignant... Merci.*

Exemple 6

Il s'agit cette fois d'un aéroport de taille modeste, il n'y a pas de bureau d'accueil mais le comptoir d'une compagnie locale. La même hôtesse s'occupe des billets, de l'enregistrement des bagages, et renseigne les voyageurs. Quelques personnes attendent l'arrivée d'un vol en provenance de Lailes. Sur l'écran, où sont annoncées les arrivées apparaît un message signalant un retard d'un quart d'heure.

Au bout d'un quart d'heure, un autre message apparaît indiquant cette fois un retard de vingt minutes. Un monsieur s'adresse alors à l'hôtesse qui travaille à un bureau derrière une vitre.

– *Excusez-moi, mais, c'est dû à quoi ces retards ?*

L'hôtesse regarde le monsieur et répond :

- *Ce retard est dû à un encombrement du trafic aérien.*

- *Et alors que se passe-t-il ?*

- *Il y a beaucoup d'avions au départ et à l'arrivée, il y a donc du retard.*

- *Et cela arrive souvent ?*

- *En fin de semaine surtout.*

- *Bon, j'espère que cela ne sera pas trop long !*

Le monsieur s'éloigne et rejoint les autres personnes qui attendent comme lui. Il explique ce que lui a dit l'hôtesse, et chacun raconte une histoire de retard d'avion, tout en évitant soigneusement toute allusion à des catastrophes. Quand un quart d'heure plus tard apparaît un troisième message reculant encore l'heure d'arrivée de l'avion, ce sont deux personnes qui interpellent l'hôtesse :

– *Et cette fois, pourquoi est-il en retard l'avion ?*

– *Il y a eu un petit problème technique répond-elle en souriant, mais rien de grave, l'avion va bientôt décoller, nous avons eu le pilote au téléphone. Il ne faut pas vous inquiéter, l'avion va sûrement arriver d'ici une petite heure !*

– *Il n'y a plus qu'à attendre plaisante amèrement le monsieur.*

– *Ce ne sera pas long maintenant approuve l'hôtesse.*

Chacun s'éloigne à nouveau avec un commentaire. La tension monte, certains téléphonent pour informer de leur retard.

Au bout d'un moment, le monsieur revient vers l'hôtesse :

– *Avez-vous d'autres informations ?*

– *Non, pas pour l'instant répond elle avec un calme imperturbable, mais ne vous inquiétez pas, il n'y a pas de problème !*

– *Vous disiez tout à l'heure qu'il y avait eu un petit problème technique !*

– *Oui, parfois, c'est juste les plateaux repas qui n'on pas été livrés alors cela fait prendre du retard.*

– *Mais cette fois, ce n'est pas cela, n'est-ce pas ?*

– *Ce n'est sûrement rien de grave, ne vous affolez pas !*

Le monsieur s'éloigne à nouveau, va s'asseoir sur la banquette. L'attente semble interminable, les gens regardent vers l'hôtesse qui affiche toujours un air parfaitement serein.

Soudain, une sonnerie retentit dans le haut-parleur. Une voix annonce l'arrivée imminente du vol en provenance de Lailes... Les gens ont un soupir de soulagement...

QUIZZ

Questions au lecteur :

I – Qu'est-ce qui vous paraît le plus utile dans une gare ou une aérogare ? (classer les réponses par ordre d'importance)

1 – L'accès facile au site ☐

2 – L'accès facile à l'information ☐

3 – Touver une personne qualifiée pour
répondre à vos questions ☐

4 – La présence de services (restauration,
banque, poste, etc...) ☐

5 – La rapidité des formalités (billetterie,
enregistrement) ☐

Autres réponses

....

....

**II – Pour vous, une gare ou une aérogare,
c'est la plupart du temps :**

1 – Froid et plein de courants d'air ☐

2 – Un lieu où l'on passe parfois des heures
à attendre ☐

3 – Un lieu que vous appréciez car il évoque
voyages et vacances ☐

4 – Un lieu où il est difficile de trouver
un interlocuteur disponible ☐

5 – Sans importance, vous êtes tout à fait
indifférent

Autres réponses

....

....

III – Quand vous prenez le train
1 – Vous craignez d'être en retard et arrivez
à l'avance   oui/non
2 – Vous vérifiez les informations :
quai, voie, n°place   oui/non
3 – Vous arrivez juste à l'heure
et vous courez   oui/non
4 – Vous redoutez une grève
surprise   oui/non
5 – Vous avez confiance, le train est rarement
en retard   oui/non

Autres réponses

....

....

IV – Quand vous prenez l'avion
1 – Vous êtes souvent un peu stressé   oui/non
2 – Vous prenez votre temps, de toutes façons
il y a toujours du retard   oui/non
3 – Vous êtes ponctuel   oui/non
4 – Vous aimez l'ambiance
des aérogares   oui/non
5 – Vous détestez séjourner
dans l'aérogare   oui/non

Autres réponses

....

....

V – À l'accueil de la gare ou de l'aérogare :
   1 – Vous espérez qu'il n'y aura pas de file
        d'attente   oui/non
   2 – Vous souhaitez obtenir rapidement
        une information   oui/non
   3 – Vous aimeriez que votre interlocteur
        soit aimable   oui/non
   4 – Vous souhaitez être conseillé
        utilement   oui/non
   5 – Vous voulez qu'on vous écoute   oui/non

Autres réponses

....

....

VI – Classez les exemples ci-dessus en fonction de la qualité de l'accueil

   Exemple 1   Exemple 4
   Exemple 2   Exemple 5
   Exemple 3   Exemple 6

VII – Quels sont les critères de votre classement ? Attribuez un commentaire à chacun

   Exemple 1 ....

   Exemple 2 ....

Exemple 3 ....

Exemple 4 ....

Exemple 5 ....

Exemple 6 ....

VIII – Parmi les exemples cités, quels sont les points faibles ? Citez en au moins trois

....

....

....

IX – Parmi les exemples cités, quels sont les points forts ? Citez en au moins trois

....

....

....

X – Dans quel(s) exemple(s) aimeriez-vous jouer le rôle du voyageur ?

Exemple 1	Exemple 4
Exemple 2	Exemple 5
Exemple 3	Exemple 6

XI – Dans quel(s) exemple(s) aimeriez-vous jouer le rôle de l'hôtesse ?

Exemple 1	Exemple 4
Exemple 2	Exemple 5
Exemple 3	Exemple 6

Nos commentaires suivant la grille d'analyse

• *Définir la gare et l'aérogare, leurs fonctions et leurs buts*

À l'origine, on appelait gare un lieu aménagé dans une rivière navigable de façon à ce que les bateaux puissent se croiser et stationner, en fait : se garer. Puis, cette même idée s'est ensuite appliquée au chemin de fer, puis aux avions. Aujourd'hui, on appelle gare l'ensemble des bâtiments et des installations destinés au stationnement des trains et à la prise en charge des voyageurs ou des marchandises. L'aéroport comprend l'ensemble des installations nécessaires au trafic aérien, l'aérogare, quant à elle désigne soit les bâtiments destinés à la prise en charge des passagers, soit, dans les grandes villes, une gare routière ou ferroviaire qui prend en charge les voyageurs sur le trajet entre l'aéroport et la ville. Ici, nous évoquerons uniquement les contextes auxquels sont confrontés les voyageurs. Qu'il s'agisse de train ou d'avion, les fonctions d'une gare demeurent. Un gare qu'elle soit ferroviaire, routière, aérienne est d'abord un lieu de passage pour les voyageurs. On ne séjourne pas dans une gare, ou alors, seulement en cas de problème : transports en grève, dysfonctionnement divers, retards, intempéries, etc... Aucune gare n'est prévue pour qu'on y séjourne plus de quelques heures au maximum, en cas de correspondance avec une ligne peu desservie.

Cette notion de lieu de passage est très importante car elle influence le type d'accueil qu'on trouve dans ce type de contexte. De même qu'on ne séjourne pas dans une gare, on ne reste pas longtemps au bureau d'accueil ! La majorité des gens qui interpellent la personne chargée de l'accueil ne la saluent pas, posent leur question, attendent une réponse immédiate et partent rapidement.

• *À quoi servent gares et aérogares. Que produisent-elles ?*

Les gares et aérogares ont en fait une fonction d'accueil très présente et très importante. Le voyageur perçoit leur organisation, la disposition de leurs installations comme des indices qui contribuent ensuite à construire une image positive ou négative de la ville ou du pays qu'il visite.
On se rend à la gare pour prendre un train, attendre un train, acheter un billet ou tout autre titre de transport, ou se renseigner sur les destinations, les horaires, les prix : le reste des prestations qu'on peut y trouver relève du confort ou de la commodité, mais ne caractérise pas les fonctions d'une gare. Bien entendu, on n'imagine pas une gare sans restauration et hébergement, café de la gare, hôtel de la gare, etc... existent dans la plupart des villes desservies par le chemin de fer. On n'imagine pas non plus une gare sans un accueil, pas forcément spécifique, mais au moins une personne chargée de renseigner les voyageurs.

Les fonctions de la gare sont à comprendre comme des prestations, la personne qui s'y rend utilise les installations mises à sa disposition.

Une gare, une aérogare produisent donc des services, elles proposent en fait des accès aux moyens de transport, dans un sens, et des sorties de ces mêmes moyens en sens inverse.

• *Quels sont les intérêts en jeu dans le fonctionnement des gares et aérogares ? A qui profite cette activité ?*

On peut donc affirmer que ces services sont destinés aux utilisateurs, à ce titre, ils devraient donc être considérés comme des clients et être traités comme tels. En France, les chemins de fer sont un service public, le transport aérien est quant à lui confié à des sociétés privées ou publiques.

Partant de ce fait, on découvre mieux les intérêts en jeu dans le fonctionnement d'une gare. Le voyageur d'un côté, l'organisation d'un autre, avec les liens d'interdépendance qui en résultent. À ses débuts, le chemin de fer est un investissement de prospérité, et toutes les villes, même les plus petites se trouvent bientôt dotées d'un chemin de fer et de gares avec leur café de la Gare ou leur Hôtel de la Gare ! Il est évident qu'une ville qui peut accueillir des hôtes de passage pour les affaires ou le tourisme, voit son activité commerciale en hausse. Les villes ont donc des intérêts évidents au bon fonctionnement de leurs gares ou aérogares. Aujourd'hui, on assiste à une concentration du trafic ferroviaire et aérien sur les grands centres urbains, le reste des déplacements s'effectuant par la route. En conséquence, de nombreuses petites lignes ne fonctionnent plus que dans des sites touristiques, poussées à bout de bras par des associations de nostalgiques du temps passé, car elles ont perdu toute rentabilité en raison entre autres du dépeuplement des zones rurales et de l'amélioration des routes. Quoiqu'il en soit, on observera que les intérêts en jeu dans le fonctionnement de ce contexte sont multiples, et que ceux des voyageurs ne figurent pas toujours parmi les plus explicites.

- *Comment le visiteur, le client, l'usager, perçoit-il la gare et l'aérogare ? Quelles en sont les images auprès du public ?*

Les gares ont souvent inspiré les artistes, peintres, poètes, écrivains car elles sont comprises comme des portes, des accès au voyage avec toutes les dimensions symboliques qui y sont associées. Cependant, en y regardant de plus près, une gare est souvent un lieu où l'on ne se sent pas à l'aise, froid, sans confort, exposé aux courants d'air. Il est vrai qu'on n'y séjourne pas comme nous l'avons fait remarquer plus haut. Cette image de relatif inconfort peut être quelque peu en rapport avec la façon dont les intérêts des utilisateurs sont compris et traités. Il demeure qu'un certain nombre de gens ont eu à se plaindre des transports ferroviaires ou aériens et que ces expériences ont contribué à édifier une image rarement valorisée. Attentes interminables, manque de respect des horaires, manque d'information, grèves surprises, le voyageur accumule alors de sérieux motifs de mécontentement.

L'image de la gare se trouve intimement liée avec celle du train, celle de l'aérogare avec l'avion. Les expériences individuelles bien sûr vont varier mais quelques constantes demeurent. Notamment, tout ce qui se rapporte à la ponctualité. Le voyageur sait qu'il doit être strictement ponctuel s'il veut prendre son train ou son avion, en revanche, il n'est jamais sûr que la ponctualité sera réciproque !

Emprunter un transport en commun requiert aussi un surcroît d'attention de la part du voyageur, il doit faire l'effort de penser à un certain nombre de formalités, il ne suffit pas en effet d'acheter son ticket, encore faut-il le composter, vérifier qu'on ne se trompe pas de train, ni de place, encore moins de catégorie. Pour l'avion, les formalités sont encore plus lourdes, puisque la plupart des compagnies demandent à leurs passagers de se présenter à l'enregistrement des bagages au moins une heure et demie avant le départ du vol.

Cet ensemble de contraintes de ponctualité et d'attention, lié au relatif inconfort des installations, gares et moyens de transport, contribue à former une image spécifique dans l'esprit des utilisateurs.

Enfin, la notion de service public, fait que le voyageur applique dans sa relation avec le personnel des gares et des trains, les mêmes vérités et les mêmes comportements qu'avec une structure administrative. Le contrôle systématique des billets, la possibilité d'être en infraction ajoutent enfin une dernière touche à ce tableau. Pour l'avion, les contrôles s'effectuent avant le décollage, le voyageur peut donc prendre place à bord en toute tranquillité.

En résumé, nous trouvons une image ni péjorative ni méliorative, car les deux dimensions s'y confrontent, mais faite de grands traits caractéristiques tels que la ponctualité requise mais pas toujours garantie, une certaine lourdeur dans les formalités qui rappelle l'administration, enfin différents problèmes liés au stress du voyage.

- *Quels sont les besoins générés par les gares et aérogares en termes d'accueil ?*

Une bonne partie de ces problèmes s'exprime d'ailleurs quand le voyageur s'adresse à l'accueil. Apparaissent alors inquiétudes et soucis liés d'une part au stress inhérent aux voyages et à celui en rapport avec une image d'incertitude ou de manque de fiabilité des informations ou des prestations elles-mêmes.

Le stress lié aux voyages se manifeste essentiellement par un excès de vérification de l'heure, de bon numéro de quai ou de porte d'embarquement chez les voyageurs peu habitués à se déplacer. A un autre degré, le voyageur stressé va s'adresser à l'accueil pour obtenir une information qu'il peut trouver sur un tableau d'affichage ou un plan. En termes d'accueil, cela veut dire qu'il faudrait se montrer particulièrement calme et rassurant.

D'autre part, le voyageur se trouve souvent confronté à une interrogation : pourquoi le train, l'avion est-il en retard ? Dans un certain nombre de cas, il n'obtient pas de réponse satisfaisante, au pire, les réponses obtenues ne font qu'embrouiller la situation, voire ajouter à l'inquiétude, ou encore signifier qu'aucune réponse ne sera fournie ! Il faudrait bien entendu éviter de donner des réponses floues ou d'éluder la question. Le voyageur qui s'inquiète a besoin d'informations claires et précises, beaucoup plus efficaces pour le rassurer.

Même quand il s'agit de voyages d'agrément, de départ en vacances, la fatigue, le stress des transport ne disparaît pas pour autant. La personne qui voyage avec de jeunes enfants, ou qui transporte de gros bagages, ou un matériel encombrant, rencontre souvent des problèmes. Un **sourire**, une **amabilité non feinte** seraient certainement les bienvenus et s'ajoutent enfin à la liste des besoins en termes d'accueil à la gare ou l'aérogare.

Enfin, quand il s'agit de voyages, nous avons souligné l'importance du temps. Le voyageur, tenu d'être ponctuel, exige la plus grande **rapidité** de ses interlocuteurs. Rien ne l'irrite davantage que d'avoir affaire à un interlocuteur qui semble ne pas se presser alors qu'il a couru et s'est inquiété pour ne pas arriver en retard !

Rapidité, précision de l'information, amabilité, sourire, calme, attitude rassurante
vont participer à la réussite de l'accueil.

• *Accueil et accessibilité du site, de l'information*

La gare, comme l'aérogare pourraient être considérées comme des sites d'accueil. En effet, l'acte d'accueil se produit au moment où une personne prend contact avec un environnement donné, or, la gare, de départ ou d'arrivée représente toujours une porte d'entrée vers un nouveau contexte. À partir de ce constat, on déduit tout naturellement l'extrême importance de l'accessibilité tant des bâtiments, des installations et des informations. Si nous nous mettons un instant à la place d'un voyageur qui ne connaît pas l'endroit où il arrive, nous prenons alors conscience des facilités ou des difficultés d'accès aux installations comme aux informations.

Bien entendu, pour ce voyageur qui découvre pour la première fois un nouvel environnement tout commence par la gare ou l'aérogare.

Nous insisterons donc tout particulièrement sur l'accessibilité des locaux. On observe parfois certaines incohérences : au rez-de-chaussée d'une gare, on trouve des chariots à bagages, mais on ne peut faire que quelques mètres avec ceux-ci car, pour accéder au niveau de départ, il faut prendre un escalier mécanique sur lequel ils sont interdits !

L'accessibilité aux informations demeure quant à elle généralement bien observée. Actuellement, beaucoup de gares et aérogares sont équipées, en plus des habituels tableaux d'affichage, d'écrans indiquant en permanence arrivées, départs, et retards prévus. Par ailleurs, on peut aussi entendre diverses informations diffusées par haut parleur : messages urgents, indications d'arrivées ou de départ, informations d'ordre pratique (où trouver des chariots, des taxis, l'accès au métro, etc...).

Dans aucun exemple cité on ne peut mettre en cause un défaut d'accessibilité à l'information, seul à l'**exemple 2**, le monsieur ignore que les informations indiquées sur l'écran ne sont valables que pour l'heure qui suit.

• *Le temps passé au bureau d'accueil est-il justifié ? Par la qualité du service, celle de la relation... ?*

Nous avons rappelé l'exigence de rapidité au niveau de l'accueil. On observe dans les exemples cités que les interactions demeurent très courtes, il n'y a pas de bavardage, et bien entendu pas non plus de personnalisation de la relation au cours de l'accueil.

Les **exemples 1** et **2** ressemblent beaucoup à certains rencontrés sur **site administratif**, notamment par le fait que la personne chargée d'accueil ne s'adresse pas à une personne en particulier mais à du « public », ses réponses et ses attitudes sont les mêmes quelle que soit l'interlocuteur. L'objectif de l'accueil d'aller le plus vite possible, se trouve donc effectivement atteint dans ces deux exemples. Le temps passé au bureau d'accueil est parfaitement justifié.

L'**exemple 3** qui peut paraître quelque peu étrange a pourtant été observé sur le vif. En effet, dans certains pays, nombre de « petits boulots » sont crées pour des jeunes en recherche d'emploi. On rencontre ainsi dans les gares et aérogares des grandes agglomérations urbaines des jeunes gens en uniforme qui ont pour mission d'aider les touristes étrangers à se diriger à travers la gare, ou à trouver les informations dont ils ont besoin. Or, dans cet exemple, ce jeune homme chargé d'accueil se trompe un peu de cible ! Un bref échange, qui n'évolue pas en bavardage semble alors tout à fait plaisant, mais l'abus est proche et notre voyageuse pressée n'a que faire de l'aide qu'on cherche presque à lui imposer ! Elle joue un instant le rôle qu'on attend d'elle, pose une question et se débarrasse de cet hôte un peu envahissant.

Cet exemple n'a été retenu que pour montrer à quel point la personne chargée d'accueil a besoin d'un bon sens de l'observation pour mener à bien sa tâche. Cette indispensable qualité fait pourtant défaut à beaucoup comme nous le découvrirons dans la suite.

Les **exemples 4, 5,** et **6** ne montrent pas de perte de temps, les interactions sont rapides, précises, toutefois, nous observons un comportement plus affable dans ces situations.

• Le visiteur pouvait-il se passer de cette phase d'accueil ?

Si les questions posées aux personnes chargées de l'accueil à la gare auraient certainement pu trouver une réponse par d'autres moyens, et notamment une meilleure lecture des informations disponibles, en revanche les deux derniers exemples montrent comment il appartient à l'accueil de gérer certains problèmes spécifiques. A l'**exemple 4**, il apparaît aussi que le passager aurait pu trouver tout seul le bureau de la compagnie qui assurait son vol, son passage au bureau d'accueil n'était sans doute pas justifié seulement par la demande d'information, mais plutôt par le mécontentement et l'inquiétude à propos de la perte des bagages.

A l'*exemple 5*, la demande de la dame qui n'a pas trouvé son comité d'accueil entre parfaitement dans le cadre des tâches dévolues au bureau d'accueil. L'hôtesse réagit avec calme et efficacité, elle tente de rassurer la voyageuse.

A l'**exemple 6**, on observe que les questions posées à l'hôtesse n'obtiennent aucune réponse spécifique, ce sont les mêmes que les rares informations présentées sur l'écran. En terme d'efficacité d'information, il ne semblait donc pas indispensable de s'adresser à l'hôtesse. Cependant, il apparaît que la véritable demande est ailleurs, les gens qui attendent un passager dont l'avion est en retard s'inquiètent et ont besoin qu'on les écoute et les rassure ce que tente de faire l'hôtesse, avec bonne volonté et une certaine maladresse.

• *L'accueil répond-il aux besoins produits par ce contexte particulier ? Site, résultats, et relation d'accueil sont-ils adaptés aux attentes du public ?*

Ce qu'on observe sur le terrain dans les gares et les aérogares ne satisfait que partiellement les attentes des voyageurs. Pour les renseignements courants, les dispositifs en place sont suffisants à défaut d'être satisfaisants.

On pourra cependant remarquer la **froideur de l'accueil** dans les **exemples 1** et **2.** Cette froideur correspond d'ailleurs tout à fait à l'image couramment acceptée de l'atmosphère qui règne dans les gares. **L'utilisation du guichet avec vitre de séparation renforce également cette impression de froideur.** Toutefois, il s'agit certainement du meilleur choix possible dans un lieu de passage intense ou le souci de protection du personnel doit être une priorité. Dans ce contexte, une attitude trop prévenante ne conviendrait certainement pas, rappelons qu'ici la phase d'accueil reste très courte. **Plus le temps passé à l'accueil est réduit et plus la relation est impersonnelle.** Si la situation ne requiert pas forcément une relation conviviale et chaleureuse, une meilleure écoute et une attitude aimable faciliteraient certainement les choses. Rien n'est plus désagréable en effet que d'avoir un interlocuteur morose, qui fuit le contact visuel et effectue sa tâche en ayant l'air de s'ennuyer, pire encore en bavardant avec son collègue exactement comme s'ils étaient seuls ! Ce comportement assez fréquemment observé dans ce type de site est mal perçu par le voyageur qui ne se pas reconnu et encore moins écouté.

Dans l'**exemple 3, l'accueil ne correspond pas du tout à la demande**, il n'y a en effet pas de demande, c'est la personne chargée d'accueil qui effectue un repérage dans la foule pour y trouver des touristes étrangers qu'elle aborde pour proposer ses services. Bien entendu, ce type d'accueil a été prévu de cette manière, notre voyageuse n'a pas été la seule à l'observer. Cela peut être une excellente idée d'aller vers les gens, car certaines personnes ne trouvent pas le site d'accueil, surtout dans un pays étranger. Il serait utile cependant d'apprendre à ne pas s'imposer le cas échéant !

Aux **exemples 4** et **5** l'accueil correspond tout à fait aux attentes des voyageurs. L'hôtesse a manifestement l'habitude de gérer ce type de demande, elle garde son calme et son sourire et donne rapidement la réponse adaptée. La relation peut donc être tout à fait correcte du point de vue du comportement sans pour autant s'éterniser.

A l'**exemple 6**, l'accueil ne correspond que partiellement aux attentes des visiteurs. En effet, il s'agit pour l'essentiel d'aider les gens à gérer le stress de l'attente. Un avion en retard, c'est banal, lorsque l'information de retard se répète et prolonge l'attente, l'inquiétude augmente et aussi parfois une certaine colère. Les gens ont parfois l'impression qu'on ne leur dit pas exactement ce qui se passe et ils imaginent alors le pire ! Peu de gens sont conscients par exemple du temps que prennent les différentes procédures et formalités nécessaire au décollage d'un avion ou au démarrage d'un train. Si par exemple le train doit s'arrêter en rase campagne pour éviter un incident sur la voie, il passe généralement plus de temps à redémarrer qu'à gérer le problème !

Lorsqu'on annonce aux gens qui attendent l'apparition d'un léger problème technique, cette expression est trop floue et peut donner lieu à des interprétations catastrophiques.

En outre, lorsque l'hôtesse répète « ne vous inquiétez pas ! » elle commet une maladresse car la plupart des gens n'entendent que le mot « inquiétez ». Il serait plus efficace de dire « soyez tranquilles ! » car cette expression ne contient rien qui puisse nourrir l'inquiétude.

Il est préférable de s'exprimer en termes positifs, et nous insistons généralement beaucoup sur ce point dans les formations tant à l'accueil qu'à la relation commerciale.

• *Points forts, points faibles : qualité, adaptation*

Si l'on se contente de peu, on pourra dire qu'aux **exemples 1** et **2**, on observe un **service minimum**. Cet état de fait peut être compris à la fois comme un point fort et un point faible ! En effet, ce type d'accueil offre une relation quasi inexistante et fournit une information courte, claire et précise. On a donc une réelle économie : c'est en effet moins fatigant de fournir des réponses toutes prêtes que d'écouter attentivement son interlocuteur, c'est aussi plus économique de passer moins de temps avec chacun car cela permet de traiter plus de demandes. À l'**exemple 1**, face à la voyageuse désemparée qui vient d'être victime d'un vol, la personne de l'accueil ne montre qu'indifférence, une légère attention, un signe de compréhension aurait pourtant été bienvenu.

L'attente relationnelle du voyageur n'est pas satisfaite par ce type d'accueil, il manque la plus simple politesse lorsqu'aucun contact visuel ne s'établit ou que la personne chargée d'accueil donne l'impression d'être indifférente, ennuyée, ailleurs et certainement pas dans la relation. Mais, on ne saurait pour autant classer ce type d'accueil d'une façon trop péjorative car il est parfaitement en accord avec l'ambiance **froide et impersonnelle** qui règne dans ce type de site !

Lorsqu'on organise l'accueil dans un tel site, des choix s'imposent selon les buts qu'on se donne.

A l'**exemple 3, le point fort c'est d'aller vers les gens**, et le point faible de s'imposer ! Nous rencontrons souvent la situation où le point fort peut devenir une source de dysfonctionnement lorsqu'il est mal appliqué. C'est notamment le cas dans cet exemple. L'employé de la gare doit d'abord repérer des voyageurs qu'il identifie comme des touristes étrangers, puis aller vers eux et proposer ses services. Son uniforme voyant lui permet quant à lui d'être facilement identifié. Dans le cas contraire, son attitude pourrait être perçue comme une sorte d'agression car il intervient sans y être explicitement invité ! Ce type d'accueil est donc à utiliser avec précaution et à réserver à des situations bien définies.

Aux **exemples 4** et 5 on relève trois **points forts** : l'**amabilité** de l'hôtesse la **précision des informations** qu'elle délivre, et sa **mobilité**. En cela, son attitude est parfaitement adaptée et efficace. La disposition du site d'accueil facilite aussi certainement les choses car il n'y a pas de réelle barrière entre les interlocuteurs. Les hôtesses ne sont pas postées de façon rigide derrière des bureaux, et encore moins mises en cage derrière une vitre ! Elles se déplacent dans un périmètre d'action ce qui leur permet le cas échéant d'aller vers les gens. Cette mobilité constitue un avantage réel, mais présente aussi certainement quelques inconvénients.

A l'**exemple 5** on relève, outre les qualités citées plus haut, l'attitude rassurante de l'hôtesse à l'égard de la voyageuse et ceci constitue également un point fort car un tel comportement satisfait pleinement les attentes de cette dernière.

A l'**exemple 6**, le point fort c'est incontestablement le **calme** de l'hôtesse, la **pondération** de ses réponses. Bien qu'il y ait quelques maladresses dans la formulation, les qualités précédentes l'emportent de façon incontestable une telle attitude s'avère souvent plus convaincante que les mots. Le point faible c'est certainement la qualité de l'information, cependant, on ne saurait la reprocher à la personne qui assume le rôle d'accueil car, elle ne donne que les informations qu'on lui fournit, et le plus souvent avec les mêmes mots. D'ailleurs, elle cherche à dédramatiser l'inquiétude des gens en donnant un exemple de « petit problème technique », certes contrariant, mais pas du tout facteur de souci. L'hôtesse va cherche l'information dans son expérience personnelle, et en cela, elle doit rester très vigilante car ce serait sortir de son rôle que de tomber dans l'anecdote !

🍀 Les règles d'Or pour l'application

Pour l'application, nous retiendrons essentiellement la nécessité de bien comprendre les **contraintes spécifiques** liées à chaque site où nous devons mettre en œuvre un service d'accueil. On n'accueille pas tout à fait de la même façon selon le site retenu, les points forts dans un site ne peuvent pas toujours être transposés à un autre. Les choix doivent s'établir en fonction de priorités. Si on privilégie le rôle informatif de l'accueil, on insistera davantage sur les conditions qui permettent d'aller vite et de fournir un maximum d'informations utiles. Si on privilégie les objectifs relationnels on cherchera à aménager un espace d'accueil adapté, et à donner un ton plus aimable à l'interaction. Enfin, si l'on place au premier rang les aspects représentatifs de l'accueil, on pourra s'inspirer des principes retenus pour les offices de tourisme.

Cela posé, il reste que l'**amabilité** et l'**attention** portée à l'interlocuteur demeurent des valeurs sûres dans tous les contextes. La **rapidité du service** peut également être retenue comme un critère fondamental d'autant que, dans ces lieux de passages que sont les gares et les aérogares, les voyageurs se pressent généralement. De plus, le voyageur perçoit souvent la rapidité comme un synonyme d'efficacité ce qui accroît l'effet de bonne impression. La rapidité est également appréciée lorsqu'elle permet d'éviter la formation d'une file d'attente.

Nous insistons sur la nécessité de fournir une **information de qualité**, précise, et exacte. Il s'agit en effet d'un des moyens les plus efficaces pour sécuriser les gens inquiets, et c'est là une situation des plus banales dans l'expérience de l'accueil. Par ailleurs, quand on donne une information précise, il n'est pas nécessaire de fournir en plus de longues explications, et enfin, cela n'appelle pas de commentaires autre que les réflexions personnelles des voyageurs ou des personnes concernées, l'hôtesse, pour sa part n'a rien à ajouter à l'information puisqu'elle se suffit à elle-même pour sa précision. Il est plus économique de dire : « le vol est retardé d'une heure car l'équipe de nettoyage est en retard » que « le vol est retardé d'une heure en raison d'un léger problème technique ». La seconde affirmation contient en effet deux mots (problème, technique) qui peuvent devenir des sources d'inquiétude, surtout chez les personnes peu habituées à voyager.

Il faut aussi retenir pour l'application que dans les cas où l'on privilégie l'aspect relationnel de l'accueil en mettant en place des services tels que celui de l'**exemple 3**, l'attention portée à l'interlocuteur doit être d'excellente qualité. L'**intuition relationnelle** fait alors la différence et permet de mettre en œuvre un accueil de haute qualité, bien adapté à la demande.

6 - L'accueil dans une banque

L a banque présente des particularités qui nécessitent la mise en œuvre d'un accueil spécifique. Les agences bancaires se sont multipliées au cours des dernières années et on en trouve quasiment partout, à la ville comme à la campagne.

Dans un grand nombre d'agences, les employés de guichet assurent l'accueil, ce sont les cas que nous étudierons au cours des exemples qui suivent.

Exemple 1

Pour entrer dans l'agence, il y a un sas, Valérie sonne, la porte fait un déclic, elle entre dans le sas, sonne pour l'ouverture de la seconde porte. Il ne se passe rien, elle se voit sur l'écran de contrôle de la caméra vidéo située juste au-dessus de sa tête. Enfin le second déclic libère la porte. Le guichet est juste devant elle, au fond de la salle, à droite et à gauche, elle voit une série de bureaux bien rangés derrière des cloisons vitrées, au centre de la pièce, un bureau avec une petite pancarte où elle lit « accueil », mais il n'y a personne, juste derrière ce bureau un gros escalier en colimaçon sans contre-marche. Comme il n'y a personne au bureau indiquant « accueil », Valérie s'adresse à l'employé.

Ce dernier est assis derrière un haut comptoir, Valérie ne voit que sa tête. L'employé finit de remplir un papier devant lui, compte des billets à une vitesse stupéfiante, puis, comme soudain conscient de la présence de Valérie, s'arrête et dit :

– *Bonjour, hum...vous désirez ?*

– *Je voudrais ouvrir un compte.*

– *Avez-vous déjà un compte chez nous ?*

– *Non...*

– *Dans une autre banque ?*

– *Oui...*

– *Bien dans ce cas, veuillez remplir ce formulaire. Il tend une imposante liasse de papiers à Valérie.*

– *Pourriez-vous me passer un stylo, j'ai oublié le mien.*

– *Bien sûr fait l'employé en tendant son stylo à Valérie, mais..., si cela ne vous dérange pas, Madame, allez donc remplir la liasse à ce bureau, vous serez plus tranquille... ajoute-t-il en sortant de son guichet pour conduire Valérie vers l'un des petits bureaux aperçus à l'entrée. Quand vous aurez fini, appelez-moi avec ce téléphone, vous décrochez et faites le 6, d'accord ?*

– *Merci, oui, c'est plus confortable comme cela en effet.*

– *Alors à tout de suite !*

Exemple 2

A cette même agence, un monsieur se présente, cette fois il y a une dame assise au petit bureau indiquant « accueil ». Souriante, elle le salue et s'adresse à lui :

– *Bonjour Monsieur, que désirez-vous ?*

– *Excusez-moi Madame, mais, j'ai fait un retrait au distributeur là, sur la rue, je ne retrouve pas ma carte, je ne souviens pas si je l'ai oubliée ou si l'appareil l'a avalée !*

– *Oui, cela arrive en effet, avez-vous un compte chez nous ?*

– *Non, mais dans une autre agence.*

– *Dans quelle ville ?*

– *À Laplume les Bains.*

– *Avez-vous une pièce d'identité ?*

– *Voilà, dit le Monsieur en tendant son permis de conduire.*

– *Bien, bien... L'employée note des numéros sur une fiche puis reprend :*

– *Attendez un instant, je vais aller voir.*

Elle revient rapidement en tenant la carte :

– *Nous avons retrouvé votre carte, vous avez de la chance, une de nos clientes est passée juste après vous au distributeur, elle a vu votre carte et nous l'a apportée tout de suite.*

– *Je ne sais comment vous remercier, dit le monsieur un peu confus.*

– *Surtout essayez de ne pas l'oublier la prochaine fois, c'est toujours un peu compliqué quand il y a une carte volée.*

– *Merci encore, dit le monsieur en prenant congé.*

Exemple 3

L'été, à cette même agence, un stagiaire remplace l'employé, il travaille seul et il y a déjà deux personnes qui attendent leur tour. Un client habitué se présente au guichet après avoir attendu un petit quart d'heure. Il s'adresse au stagiaire :

– *Eh bien, il vous en faut du temps !*

– *Excusez-moi Monsieur, mais je viens de commencer, je n'ai pas encore l'habitude.*

– *Bon, ce n'est pas grave, voilà la recette, et les bordereaux, je vous laisse vous débrouiller !*

– *Un moment, il me faut votre nom, votre numéro de compte, les montants détaillés.*

– *J'ai rempli les bordereaux, classé les espèces, il ne vous reste qu'à recompter. D'habitude, votre collègue me tamponne les bordereaux, et me les donne tout de suite.*

– *Je ne peux pas en prendre la responsabilité, je dois tout recompter avec vous avant de tamponner les bordereaux !*

– *Cela va prendre des heures, et il y a déjà du monde qui attend ! Enfin, c'est comme vous voulez.*

Le stagiaire a déjà commencé sa tâche. Le client habitué se retourne et jette des regards entendus aux autres clients qui attendent. Quelques réflexions se font entendre. Le jeune stagiaire semble très gêné, mais continue à compter... Quelques minutes plus tard :

– *Voilà Monsieur, vos bordereaux, c'est juste.*

– *Au-revoir jeune homme, et surtout ne vous pressez pas trop ironise le client qui s'en va.*

QUIZZ

Questions au lecteur :

I – Quelles qualités observez-vous chez les employés cités dans ces trois exemples ? Citez en au moins deux pour chacun.

Exemple 1...

Exemple 2...

Exemple 3...

Autres qualités observées...

....

II – Quels sont les points faibles observés dans le comportement des employés de la banque ?

Exemple 1...

Exemple 2...

Exemple 3...

Autres points faibles observés.................................

....

III – Si vous deviez donner trois conseils à l'employé de l'exemple 1 quels seraient-ils ?

N° 1..

N° 2..

N° 3..

IV – Si vous deviez donner trois conseils à l'employé de l'exemple 2 quels seraient-ils ?
N° 1...
N° 2...
N° 3...

V – **Si vous deviez donner trois conseils à l'employé de l'exemple 3 quels seraient-ils ?**
N° 1...
N° 2...
N° 3...

VI – Si vous étiez le client, quel employé auriez-vous préféré, et pourquoi ?
Exemple 1...
Exemple 2...
Exemple 3...

VII – Si vous étiez l'employé, quel client n'auriez-vous pas apprécié ?
Exemple 1...
Exemple 2...
Exemple 3...

VIII - En tant que client, qu'attendez-vous de la personne qui vous accueille à la banque ? Classer les réponses par ordre d'importance.
1 – de l'amabilité
2 – de la compétence
3 – de la rapidité
4 – de la bonne humeur
5 – du sérieux

IX – **Qu'est-ce qui vous agace le plus lorsque vous allez à la banque ? Classer les réponses par ordre d'importance.**
1 – la file d'attente
2 – avoir affaire à une personne qui ne semble pas concernée
3 – être traité comme un numéro parmi d'autres
4 – le manque de discrétion
5 – le manque d'amabilité

Autre réponse ....

X – **Qu'est-ce que vous appréciez le plus lorsque vous allez à la banque ? Classer les réponses par ordre d'importance.**
1 – ne pas attendre
2 – prendre votre temps
3 – avoir affaire à un interlocuteur aimable
4 – la compétence et le conseil avisé
5 – le sérieux

Autre réponse ....

Étude des cas présentés suivant la grille d'analyse.

• **Définir la banque, ses fonctions et ses buts**

Une banque est une entreprise qui opère dans le domaine de la finance. Les clients confient leur argent à la banque qui se charge de le gérer, en échange, la banque propose différents services. La banque propose aussi des crédits tant pour financer les projets des particuliers que ceux des entreprises.

Ce qu'il importe surtout de retenir c'est que la représentation de l'argent va dominer toutes les idées, tous les comportements et toutes les attentes vis à vis de la banque. En France, l'argent n'est pas un sujet de conversation banal : entre amis, on ne se confie jamais ou très rarement combien on gagne, le salaire du patron est un sujet tabou, et il n'est pas du tout prudent de montrer de signes extérieurs de richesse.

• **À quoi sert une banque ? Quelle est sa fonction ? Que produit-elle ?**

Par ses fonctions spécifiques, la banque n'est donc pas perçue comme une entreprise commerciale comparable aux autres bien qu'en réalité ce soit le cas. Comme toute entreprise commerciale, une banque se doit de réaliser des profits, de satisfaire ses actionnaires, ses partenaires et ses clients, et de maintenir ses ressources humaines en état de performance.

Aujourd'hui, il n'est pas possible dans notre société à un particulier de se passer d'une banque. Les salaires sont souvent directement virés sur le compte des employés, les transactions portant sur de fortes sommes ne s'effectuent jamais avec des espèces, etc... Les exemples abondent et montrent que la banque fait partie intégrante de la vie quotidienne à notre époque. Cela implique aussi qu'un individu est obligé d'avoir recours à une banque et que, par conséquent il se développe un type de relation bien particulier qui n'est pas sans rappeler certains aspects administratifs. Le seul choix qui reste au citoyen, c'est celui de l'établissement !

Actuellement, une banque ne se contente plus seulement de gérer l'argent de ses clients, elle propose aussi différents produits : assurances, placements, voyages entre autres... et bien entendu différents types de crédit. Cette multiplication des produits montre bien l'implication dans la concurrence et la dimension résolument commerciale.

Dans le meilleur des cas, la banque produit des profits, c'est là sa vocation initiale et prioritaire.

Il est donc important d'avoir cette notion présente à l'esprit pour organiser l'accueil sur ce type de site.

• *Quels sont les intérêts en jeu dans le fonctionnement de la banque ? A qui profite cette activité ?*

Les intérêts en jeu dans le fonctionnement de la banque sont assez explicites. Si la vocation de la banque est de faire des profits, les bénéficiaires sont d'abord les actionnaires. Les clients, étant donné qu'ils ne peuvent pas se passer des services de la banque se trouvent donc un peu coincés dans leur rôle, on peut dire cependant que la banque leur permet de réaliser différents projets grâce aux financements qu'elle apporte. Enfin, les différents partenaires économiques des banques profitent indirectement de sa prospérité.

• *Comment le visiteur, le client, l'usager, perçoit-il la banque ? Quelle est son image auprès du public ?*

Le public associe l'image de la banque avec celle de l'argent et ce non sans raison puisque c'est précisément son secteur d'activité. La banque véhicule, de ce fait, une image de richesse, et de prospérité; elle défend également l'ordre établi en n'accordant ses crédits qu'en échange de solides garanties, et exerce son action dans tous les secteurs d'activité de la société.

Ces caractères et notamment cette omniprésence sont perçus comme autant d'indices de pouvoir. C'est pourquoi, le particulier qui s'adresse à la banque le fait-il généralement avec, à défaut d'un certain respect pour sa puissance, une attitude de demandeur. Il se place toujours un peu en profil bas, bien que cela ne soit pas forcément à son goût ! Le particulier a souvent l'occasion de présenter des requêtes à la banque, un crédit, un délai de paiement pour une échéance, etc...

Richesse et pouvoir représentent donc les principaux traits formant l'image de la banque auprès du public.

Bien entendu, compte tenu de cette image, les besoins en termes d'accueil vont aller dans le même sens. Le client de la banque attend essentiellement de la reconnaissance et de la discrétion. La première parce que confier son argent signifie en fait beaucoup plus que cette simple opération. En écoutant bien, on remarquera souvent que les gens attachent autant d'importance à leur argent qu'à leur santé, et parfois même plus. Ils développent en effet des mesures de prévoyance pour leur argent alors qu'ils ne font rien pour préserver leur capital de santé ! C'est dire l'importance de l'argent, mais, en même temps, en France, on n'aime pas que l'argent soit trop voyant ! Montrer sa richesse est un comportement désapprouvé par l'ensemble des classes sociales. Il importe donc que la discrétion soit de mise quand il s'agit d'affaires d'argent. Par exemple, on demande rarement la position de son compte au guichet, surtout s'il y a d'autres personnes qui attendent de crainte de la faire connaître aux autres, au cas l'employé parlerait trop fort ! Dans certaines banques, lorsqu'un client demande sa position de compte, on lui donne un ticket sur lequel elle est inscrite. Un dispositif tel que le minitel permet aujourd'hui de connaître sa position en toute discrétion.

• *Quels sont les besoins générés par la banque en termes d'accueil ?*

L'attitude du client face à la banque requiert des réponses bien adaptées en termes d'accueil. Conscient du pouvoir exercé par la banque, le client arrive avec cette image présente à l'esprit ce qui se manifeste parfois dans un comportement quelque peu maladroit, ou légèrement tendu, avec une dose variable d'agressivité. Par exemple, un client impécunieux craint un refus lorsqu'il demande quelque chose à sa banque et, comme cette perspective le met mal à l'aise, il montre un comportement d'impatience ou d'irritation, quelque fois en déplaçant son problème. Il vient par exemple se plaindre d'un excès de formalisme ou de paperasse !

A l'accueil, la banque se doit de répondre à plusieurs objectifs, tout d'abord, il est préférable que le site ressemble vraiment à une banque, c'est à dire offre un espace de **calme**, de **sécurité** et de **sérieux** dans l'organisation de ses locaux. Une banque qui ressemble à un magasin, une agence de voyage, ou à l'opposé à une administration offre une image décalée par rapport à celle du public. Ceci n'exclut pas la mise au goût du jour de la décoration, on ne construit pas une atmosphère calme, sécurisante et sérieuse aujourd'hui avec les mêmes matériaux et les mêmes couleurs qu'il y a vingt ans.

Bien entendu, l'attitude des personnes chargées d'accueillir le client doit aller dans le sens de l'ambiance décrite. Comme le client confie à la banque ce qu'il a parfois de plus précieux : son argent, ses projets, il est évident qu'il attend du sérieux, une **écoute attentive**, du **calme** et de la **pondération**.

L'amabilité de l'accueil demeure bien entendu tout à fait souhaitable, mais elle doit être **adaptée au contexte**, c'est-à-dire, résolument inscrite dans l'ambiance calme et sérieuse recherchée. Il suffit pour s'en convaincre d'observer le ton des publicités vantant les services de telle ou telle banque ou organisme de crédit. Ces publicités montrent généralement l'omniprésence de la banque tout au long de la vie des gens, ainsi que dans différents secteurs, géographiques, économiques, etc... L'idée du sérieux se forme « toute seule » ensuite ! La banque est montrée sous un jour très sécurisant, elle offre une image de **stabilité et de pérennité**. Dans d'autres publicités, on vante l'efficacité de la banque, notamment dans le cas des organismes fonctionnant par téléphone et télématique. Le message consiste à dire au client que, sous cette forme, la banque lui offre le meilleur au meilleur prix ! Cette banque se montre en effet tellement préoccupée de faire des économies, qu'on en déduit son sérieux et son aptitude à gérer l'argent de ses clients avec le même respect que pour le sien ! Bien entendu, la publicité a bien compris les attentes spécifiques du client vis à vis de sa banque, et on ne vend pas les services d'une banque comme d'autres produits de consommation. À partir de ces constats et observations, nous pouvons retenir comme critères essentiels pour l'accueil dans le site d'une banque : le **calme, le sérieux, la pondération, l'écoute attentive** et l'**amabilité**.

• *Accueil et accessibilité du site, de l'information*

Nous remarquons que toutes les agences bancaires sont équipées de sas à l'entrée, ce dispositif est destiné à renforcer la sécurité en protégeant le personnel et les clients d'éventuelles agressions. Bien que cela n'empêche pas les cambriolages, cela peut contribuer à rassurer les clients et le personnel des banques. L'accessibilité du site se trouve donc un peu gênée par cette installation, cependant, elle est aujourd'hui si fréquente qu'elle fait partie du décor et s'associe à l'image de la banque. N'entre donc pas qui veut, au sens propre comme au figuré ! A l'approche de l'agence bancaire, la personne se trouve d'abord devant le sas, il lui faut demander l'ouverture de la première porte, attendre le déclic, entrer, attendre le déclic de fermeture de la première porte pour demander l'ouverture de la seconde. Pendant ce temps, la caméra vidéo capture son image. Enfin la seconde porte s'ouvre, et le client entre dans l'agence.

A l'**exemple 1**, la cliente ne trouve personne au bureau qui porte un panneau « accueil », c'est un cas assez fréquent dans les petites agences où ce sont les employés qui assurent cette mission. L'employé qui accueille la cliente est bien à l'abri derrière un comptoir. Ce type d'agencement n'est ni très agréable ni confortable pour la cliente qui ne voit pas bien son interlocuteur, et reste debout tandis qu'il est assis. De plus comme il s'agit d'une nouvelle cliente, ces détails apparaissent encore plus contrastés et jouent un rôle important dans la première impression.

A l'**exemple 2**, il y a une personne au bureau indiquant « accueil », l'accessibilité se trouve donc parfaitement réalisée, le client s'asseoit en face de son interlocutrice et le dialogue s'instaure.

A l'**exemple 3**, on revient au premier cas avec le grand comptoir, mais ici la situation est différente car il s'agit d'une opération de routine pour le client.

• *Le temps passé au bureau d'accueil est-il justifié ?*
Par la qualité du service, celle de la relation... ?

Dans les deux premières situations, la question du temps est très bien gérée. À l'**exemple 1**, comme les formalités prennent un peu de temps, l'employé conduit la nouvelle cliente à un petit bureau où elle pourra remplir les papiers en toute tranquillité, installée confortablement et à l'abri de regard ou d'oreilles indiscrètes. L'employé fait de son mieux pour mettre sa cliente à l'aise à propos du temps.

A l'**exemple 2**, il n'y a aucun temps perdu de l'accueil à la prise en charge de la demande. En fait, les choses vont très vite, la personne chargée de l'accueil pose les questions essentielles, va droit au but. La relation ne dure que quelques minutes.

A l'**exemple 3**, la gestion du temps est très différente. Le client habitué a mis en place une façon de faire avec l'employé habituel, mais, le stagiaire qui n'est pas au courant applique à la lettre les directives reçues. Qu'il y ait ou pas de file d'attente, il accomplit les tâches demandées et demeure imperturbable ! Ce n'est évidemment pas au goût du client habitué : peut-être un peu gêné de provoquer une attente importante, il cherche un appui une approbation chez les autres clients en émettant quelques réflexions désagréables ou ironiques à l'égard du stagiaire.

Quant à ce dernier, il effectue sa tâche et prend le temps nécessaire, comme son collègue à l'**exemple 1**, termine son travail en cours avant de s'adresser à la cliente. Cette attitude qui pourrait paraître un peu désinvolte dans un autre contexte semble malgré tout sinon totalement appropriée du moins compatible avec le contexte spécifique. L'employé prend le temps de terminer sa tâche avant de s'occuper de la nouvelle client et signifie par son attitude qu'il maîtrise suffisamment les choses pour gérer le temps à son rythme, cela entre donc dans le cadre du calme et de la pondération.

• *Le visiteur pouvait-il se passer de cette phase d'accueil ?*

Dans aucun des cas la phase d'accueil ne pouvait être éludée, le client doit en effet venir jusqu'à la banque pour trouver ce qu'il cherche. Dans les trois exemples, la personne qui accueille le client s'occupe aussi de sa demande.

• *L'accueil répond-il aux besoins produits par ce contexte particulier ? Site, résultats, et relation d'accueil sont-ils adaptés aux attentes du public ?*

Dans les trois exemples cités, on peut observer que la majorité des critères requis pour l'accueil se trouvent satisfaits. **Calme, sérieux, pondération, écoute attentive** et **amabilité** se constatent en effet dans chaque situation.

À l'**exemple 1**, l'employé fait preuve de **calme** et de **pondération** en terminant la tâche qu'il effectue avant de s'adresser à la nouvelle cliente, il se montre **aimable** et **attentif** en offrant à sa cliente un cadre plus confortable que le guichet pour effectuer les formalités.

À l'**exemple 2**, la personne chargée de l'accueil se montre parfaitement **aimable** et **attentive** lorsque le client se présente. Elle garde tout son **calme** face à ce monsieur certainement très ennuyé d'avoir perdu sa carte de crédit. Il lui faut en effet se montrer **prudente**, bien identifier la personne avant de lui remettre sa carte. Sa façon de procéder renforce l'impression de sérieux qu'on attend d'une banque, dans cet exemple, l'accueil répond bien aux attentes du client.

A l'**exemple 3**, le stagiaire accueille le client habitué et ne manifeste aucune reconnaissance particulière à son égard, ce qui paraît tout à fait normal, mais cela déconcerte probablement un peu son client qui voudrait retrouver le climat relationnel auquel il s'est habitué. Dans l'absolu, ce stagiaire fait aussi preuve de calme, de sérieux et de pondération, mais le client est frustré de la relation habituelle dans laquelle entrent sans doute un peu de bavardage et quelques plaisanteries.

• *Points forts, points faibles : qualité, adaptation*

D'après nos observations sur ces trois exemples, nous avons retenu essentiellement des **points forts** pour ce qui concerne le **comportement des personnes** chargées d'accueil.

Les dérives liées à ces points forts pourraient cependant menacer ce bel ordonnancement. On passe facilement du sérieux à trop sérieux, en tombant dans un excès de formalisme. A l'**exemple 3**, on ne reprochera pas au stagiaire de trop bien effectuer sa tâche, mais ce qu'on accepte d'un débutant pourrait être très mal perçu d'une personne plus expérimentée.

A l'**exemple 1**, on relève un **point faible** important, la présence d'un bureau indiquant « accueil », et l'absence de personne chargée d'accueillir les gens. Mieux vaut confier la mission d'accueil aux employés que de créer un poste vide ! Dans ce contexte précis, on peut penser que ce bureau n'est occupé que certains jours, toutefois, le nouveau client ne le sait pas et n'a pas de moyen de le savoir.

A l'**exemple 3**, on relève un **point faible** car il y a une **file d'attente** et que cela crée toujours une gêne, même légère. Un client ayant attendu dans une file d'attente est généralement moins disponible, il éprouve un certain mécontentement qui ne facilite pas les choses à ses interlocuteurs. C'est pourquoi, entre autres raisons, il est souhaitable d'éviter la formation de files d'attente.

Les règles d'Or pour l'application

Pour l'application, nous retiendrons essentiellement que l'accueil dans une banque se doit de refléter l'image communément admise auprès du public : **sérieux, stabilité, calme, doivent pouvoir être compris dès l'approche visuelle du site.** Le choix du client tient parfois à un détail observé, et l'aspect qu'offre le site joue un rôle souvent déterminant.

Pour ce qui concerne l'organisation de l'accueil, notre préférence va à la mise en place d'un espace d'accueil plutôt qu'un guichet et cela pour des raisons essentiellement relationnelles. Il est en effet plus facile d'entrer en relation et de commencer à bâtir un rapport de confiance lorsque les interlocuteurs peuvent se voir et se trouvent à la même hauteur. Ceci posé, il vaut mieux un accueil de bonne qualité au guichet qu'un bureau d'accueil vide !

Enfin, le comportement des personnes chargées d'accueil se doit de refléter l'ambiance du site. L'amabilité commerciale qu'on pourrait pratiquer dans une boutique ou un restaurant est ici fortement déconseillée, l'efficacité commerciale utilisera d'autres moyens fondés sur le **calme**, le **sérieux**, l'**écoute attentive**.

La phase d'accueil ne va pas servir à vendre un produit spécifique, mais elle contribue à fonder une bonne (ou une mauvaise) première impression, et, connaissant la puissance de cette dernière, nous comprenons l'intérêt de bien organiser l'accueil.

7 - L'accueil dans une grande entreprise

Tout en restant dans le cadre d'une entreprise commerciale, nous abordons maintenant un contexte assez particulier. Par sa taille et son poids, au sens propre comme à celui de l'impact, la grande entreprise, crée une ambiance particulière, en relation directe avec son image. Au niveau de l'accueil, plusieurs messages parviennent à l'observateur attentif : la manière dont sont accueillis, visiteurs, partenaires, collaborateurs, reflète le rapport avec le monde extérieur, et notamment la manière dont on le considère. C'est une partie de la culture de l'entreprise qui transparaît dans la façon dont l'accueil est compris et géré.

Exemple 1 : Une représentante a rendez-vous avec un cadre de l'entreprise.

La façade du rez-de-chaussée est entièrement vitrée, elle reste discrète, presque trop quand on connaît l'importance de ce qui se cache derrière ! Le nom de l'entreprise est inscrit en lettres dorées, un peu désuètes sur un support de marbre gris au-dessus de la porte d'entrée. Mireille pénètre dans le hall, c'est une vaste pièce au fond de laquelle s'ouvrent les portes en acier des ascenseurs. Le sol est recouvert de dalles de granit poli si brillant qu'on craint de glisser, Quelques énormes plantes vertes ornent le décor, pourtant, cela donne une impression de froideur. C'est le

standard qui fait office de bureau d'accueil, il est situé dans un angle, formé d'une sorte d'estrade surélevée bordée d'un comptoir, et séparée par des parois vitrées. Mireille s'approche, la personne chargée de l'accueil est au téléphone, elle voit Mireille, et, après avoir mis l'appel en attente lui demande :

– *Bonjour Madame, que désirez-vous ?*

– *Bonjour Madame, j'ai rendez-vous avec Monsieur Bird.*

– *À quelle heure ?*

– *10 heures.*

– *Bien, veuillez remplir une fiche de rendez-vous s'il vous plaît. Elle tend un papier à Mireille qui doit indiquer son nom, son adresse, celle de la société qu'elle représente, le motif de sa visite...*

Pendant qu'elle remplit sa fiche, son interlocutrice s'occupe de ses appels téléphoniques. Quand Mireille a terminé sa fiche, elle la pose à l'intention de son interlocutrice.

– *Que faites-vous de ces fiches ? questionne Mireille.*

– *Nous tenons une sorte de registre, il paraît que c'est obligatoire, sur lequel nous mettons tous ces renseignements, répond la personne avec un sourire un peu contraint, puis elle reprend :*

– *Vous n'avez pas de paquet encombrant avec vous ?*

– *Je n'ai que ma sacoche !*

– *Confiez-moi votre carte d'identité, vous la reprendrez en sortant.*

– *Voilà, dit Mireille.*

– *C'est bon, suivez-moi, je vais vous conduire à la salle d'attente et prévenir Monsieur Bird, il viendra vous chercher ensuite.*

D'un pas pressé, elle sort par une porte dans la cloison de verre et rejoint Mireille.

Exemple 2

Marc a été recruté au service commercial il y a quelques mois, il est responsable d'un vaste secteur en province, il atteint et dépasse parfois les objectifs fixés. Il a rendez-vous avec son supérieur hiérarchique pour un entretien et se présente au siège de la société.

Les bureaux de l'entreprise occupent à eux seuls une immense tour située dans un quartier d'affaires. Le parking réservé aux collaborateurs est plein, il a dû garer sa voiture plus loin, il arrive donc par l'extérieur. La tour domine le paysage, le nom de la société s'inscrit en énormes lettres lumineuses au sommet.

Les portes s'ouvrent en grand à son passage et il pénètre dans le hall d'entrée, luxueusement décoré. Le bureau d'accueil fait également office de standard, trois hôtesses vêtues d'un uniforme aux couleurs de l'entreprise y travaillent. L'une d'elle voit Marc s'approcher et s'adresse à lui avec un sourire :

– *Bonjour Monsieur...Êtes-vous attendu ?*

Marc s'étonne, l'hôtesse semble le reconnaître, il répond :

– *J'ai rendez-vous avec Monsieur Faucon.*

– *Vous êtes Monsieur Marc Milan ?*

– *En effet...Vous me reconnaissez ?*

– *Vous ne m'êtes pas inconnu, mais, j'avoue que Monsieur Faucon m'a donné la liste des rendez-vous qu'il attend aujourd'hui !*

– *Je vois.*

– *Je vais vous annoncer, en attendant, voulez-vous un café, un thé ?*

– *Un café volontiers.*

– *Allez vous asseoir au salon, près des plantes, je vais vous apporter votre café.*

Exemple 3

Une tour de forme ovale, revêtue de miroirs dans la banlieue d'une grande ville, pour accéder à l'entrée il faut suivre un sentier et gravir quelques marches au milieu de jardins parfaitement entretenus.

Maurice est consultant, il participe à un audit et doit organiser les réunions avec le responsable des ressources humaines. Les portes s'ouvrent en silence et Maurice arrive dans le hall d'entrée. C'est une vaste pièce aux contours arrondis, qui rappelle la forme de la tour, les murs sont habillés de lambris aux teintes chaudes, au sol un dallage de couleur foncée à l'aspect satiné, la lumière du jour pénètre largement et de grandes plantes vertes s'épanouissent au centre de la pièce près d'une petite fontaine. Les étages de bureaux s'ouvrent sur des mezzanines qui laissent apercevoir les personnes qui y travaillent.

L'atmosphère lui plaît beaucoup, des gens vont et viennent, se saluent, s'interpellent, ils semblent plutôt décontractés. Le bureau d'accueil est situé en léger décalage par rapport à l'entrée, deux hôtesses y travaillent. Maurice se présente :

– *Bonjour Mademoiselle, je suis Maurice Vautour, consultant, j'ai rendez-vous avec Madame Labuse.*

– *Bonjour Monsieur Vautour, nous vous attendions !* répond l'hôtesse. *Je vais vous annoncer à Madame Labuse.* Elle décroche le téléphone, compose un numéro :

– Madame Labuse ? Oui, c'est Véronique à l'accueil, Monsieur Vautour vient d'arriver...

Puis, s'adressant à Maurice :

– *Suivez-moi, je vais vous conduire.*

Exemple 4

Les locaux de l'entreprise sont situés dans un immeuble neuf construit au-dessus d'un centre commercial. Deux ascenseurs qui y conduisent donnent directement dans le parking souterrain et la galerie marchande. Pour accéder à la porte d'entrée, il y a également de petits sentiers au milieu de jardins. Une autre entrée est indiquée par un fléchage pour les livraisons, ainsi qu'une autre en direction des sous-sols ! Un vrai labyrinthe ces multiples accès, il ne faut pas se tromper ! Madame Colibri voudrait organiser une visite des usines pour l'association de personnes âgées qu'elle préside, elle a pris rendez-vous avec la responsable de communication.

Elle arrive dans le hall d'entrée directement par l'ascenseur. La pièce n'est pas très grande, ou plutôt ne semble pas grande, on dirait un jardin, il y a une profusion de plantes et de fleurs, une fontaine, un fond musical fait de chants d'oiseaux, un diffuseur de parfum distribue une odeur de chèvrefeuille.

Le bureau d'accueil occupe tout un angle de la pièce, il est organisé dans le style jardin avec une pergola et des sièges en rotin. L'hôtesse chargée de l'accueil est vêtue d'un costume rose et vert aux couleurs de l'entreprise, souriante, elle reçoit Madame Colibri.

– *Bonjour Madame, que puis-je faire pour vous ?*

– *J'ai rendez-vous avec Madame Pie, pour organiser une visite de vos usines.*

– *À quelle heure avez-vous rendez-vous, s'enquiert l'hôtesse ?*

– *À dix heures.*

– *Hum... Reprend l'hôtesse un peu ennuyée, c'est que Madame Pie a dû aller en déplacement ce matin. Je vais voir si quelqu'un d'autre peut vous recevoir. En attendant, asseyez-vous au salon, je vais vous apporter un peu de documentation. Elle sort de son bureau, et accompagne la visiteuse jusqu'à un petit salon généreusement décoré de plantes comme on peut s'y attendre.*

Quelques minutes plus tard, l'hôtesse revient, et avec un grand sourire annonce :

– *Je vais vous conduire auprès de Monsieur Moineau, il fait partie du service de formation, mais il s'occupe aussi des visites de l'usine. Il sert parfois de guide...*

– *Merci beaucoup Mademoiselle...*

QUIZZ

Questions au lecteur :

I – Classez les sites par ordre de préférence ?

1 – Exemple 1 □
2 – Exemple 2 □
3 – Exemple 3 □
4 – Exemple 4 □

II – Quelles sont les qualités du site que vous préférez ? Citez-en trois.
Site choisi
Qualités ....

III – Quel accueil avez-vous préféré ? Classez les exemples selon votre choix.

1 – Exemple 1 □
2 – Exemple 2 □
3 – Exemple 3 □
4 – Exemple 4 □

IV – Quelles sont les qualités de l'accueil que vous préférez ? Citez-en trois.

Votre choix : exemple 1, 2, 3, 4.
Qualités ....

V –   Quel est l'accueil que vous n'avez pas aimé ?
       Dites pourquoi ?

       Votre choix : exemple 1, 2, 3, 4
       Votre commentaire ....

VI –   Si vous deviez jouer le rôle de l'une des
       hôtesses, quel exemple choisiriez-vous, et
       pourquoi ?

       Votre choix : exemple 1, 2, 3, 4
       Votre commentaire ....

VII – Si vous deviez jouer le rôle de l'un des visi-
       teurs, quel exemple choisiriez-vous, et pour-
       quoi ?

       Votre choix : exemple 1, 2, 3, 4
       Votre commentaire ....

VIII – Quelles fonctions devrait regrouper le service
       d'accueil d'une grande entreprise ? Plusieurs
       réponses sont possibles. Barrez les fonctions
       qui ne devraient pas être, selon vous, confiées
       au service d'accueil.
       1 – Accueil du public
       2 – Standard téléphonique
       3 – Gestion de rendez-vous
       4 – Consigne à bagages
       5 – Secrétariat
       6 – Prise de messages
       7 – Décoration florale du bureau d'accueil
       8 – Autres fonctions

Nos commentaires suivant la grille d'analyse

• *Définir la situation, ses fonctions et ses buts*

Comment définir le cadre de ces exemples ? Ils diffèrent beaucoup de ceux présentés jusque là. L'entreprise comme nous l'avons déjà fait remarquer à plusieurs reprises s'inscrit totalement dans la dimension commerciale. Une entreprise est un ensemble comprenant des personnes et des outils de travail destiné au profit. Il y a quelques années, nous assistions à un déluge de valorisation à propos de l'entreprise, puis les choses ont changé notamment en raison du fait que beaucoup de personnes ont eu à subir directement ou indirectement différentes stratégies d'adaptation des entreprises. En effet, pour continuer à faire des profits, on peut conquérir des parts de marché et augmenter la production, on peut aussi réduire les coûts de production, et, dans cette perspective, de nombreuses entreprises ont restructuré, redéployé, délocalisé... Toutes ces opérations visaient au maintien de la rentabilité, mais elles ont souvent eu un coût élevé sur le plan humain. Ces différents événements ont modifié quelque peu la survalorisation de l'entreprise à laquelle nous avions assisté auparavant.

Dans les exemples cités, nous avons envisagé des processus d'accueil se déroulant dans de grandes entreprises. La taille de certaines requiert en effet de très vastes locaux afin d'abriter bureaux et personnel. On a donc affaire à des organisations de grande dimension où se développe une culture d'entreprise, dont tous les aspects ne peuvent se maîtriser. Certains indices, tels que le soin apporté à l'accueil, donnent une idée de cette culture en révélant notamment le climat relationnel qui s'établit entre l'entreprise et ses partenaires.

• *À quoi sert l'entreprise ? Que produit-elle ?*

Une entreprise occupe une place dans le tissu économique d'une société par les actions qu'elle y mène. Production de biens, transformation de matières premières, commercialisation de produits, de services... Tous les secteurs d'activité sont occupés et animés par des entreprises. En France, il y a quelques monopoles d'état dont l'exploitation est confiée à des entreprises dites publiques : la production, la diffusion, la vente de l'électricité par exemple.

Certaines entreprises produisent des biens, des services, des projets, d'autres les exploitent, toutes partagent l'objectif du profit. Une entreprise en bonne santé produit des biens et des profits.

• *Quels sont les intérêts en jeu dans le fonctionnement de l'entreprise ? A qui profite cette activité ?*

À partir de ce fait, on va déduire facilement quels sont les intérêts en jeu dans le fonctionnement de l'entreprise. Comme pour le contexte précédent, la banque, ce sont les investisseurs les premiers bénéficiaires, les premiers impliqués. Leur intérêt est de maintenir l'entreprise en bon état de marche, soit pour qu'elle continue d'assurer des profits stables, soit pour augmenter leur poids financier et effectuer diverses transactions boursières.

Les personnes qui animent l'entreprise et échangent leur force de travail contre un salaire ont également intérêt à la bonne marche de celle-ci pour continuer d'assurer leur source de revenu.

Les partenaires de l'entreprise : sous-traitants, clients ont eux-aussi intérêt à la bonne marche des affaires, les premiers pour remplir leur carnet de commande, les seconds pour être fournis régulièrement.

Bien entendu, pour conquérir des marchés, l'entreprise doit toujours aller vers les clients, c'est le principe même de la démarche commerciale. Pour avoir des clients, encore faut-il aller les chercher. Et, dans ce but, tous les moyens sont déployés à commencer par l'accueil qui doit absolument offrir la meilleure image possible pour faire bonne impression. Il est d'ailleurs plus facile de faire bonne impression que d'en rattraper une mauvaise.

- *Comment le visiteur, le client, l'usager, perçoit-il l'entreprise ? Quelle est son image auprès du public ?*

Le public perçoit la grande entreprise à la fois comme une puissance contre laquelle rien ou presque ne peut s'opposer, et certainement pas un simple individu, et l'inverse de cette image, c'est la protection, et une relative sécurité qu'un individu peut trouver s'il arrive à faire partie de cette organisation. Cette seconde dimension tend quand même à se modifier au fil des restructurations et autres plans sociaux... Chacun espère ne pas faire partie de la « charrette » ...

La grande entreprise véhicule aussi une image de richesse, un grand nombre d'objets valorisés par leur prix ou leur luxe ne peuvent aujourd'hui être acquis que par de grandes entreprises : automobiles, objets d'art, décoration, pour ne citer que le plus voyant ! Le mécénat appartient désormais à de grandes entreprises, comme le parrainage de courses à la voile ou autres sports des plus coûteux.

Cette image de richesse affecte plus précisément à un autre niveau les dirigeants : malgré certaines enquêtes livrées par différents médias, le salaire du patron demeure secret! Ce qui permet de tout imaginer...

• *Quels sont les besoins générés par la grande entreprise en termes d'accueil ?*

Pour offrir à ses clients et ses partenaires, une excellente image, l'entreprise se doit bien entendu de soigner tout particulièrement son accueil. En général, elle montre un accueil qui reflète plusieurs aspects de sa culture intérieure. Certains de ces aspects sont voulus et bien codifiés, d'autres échappent à toute maîtrise et laissent diffuser l'ambiance réelle, ou plutôt celle que vivent les gens qui y travaillent.

Pour organiser au mieux l'accueil d'une grande entreprise, il s'agit d'abord de bien cerner l'**image valorisée** à diffuser. Plus l'accueil va refléter l'image et plus elle sera aisément perceptible pour le visiteur. Il est important, dans tout processus de communication que chaque interlocuteur présente une bonne lisibilité pour l'autre. Donc, à ce niveau d'accueil, le client ou le visiteur doit **identifier facilement** le style et l'**image valorisée de l'entreprise**. Les procédés signalétiques, la disposition du local, l'accessibilité aux signes visuels représentent autant d'outils à la disposition de l'organisateur.

Puis, selon le principe des relations commerciales efficaces, il s'agit d'**accueillir clients et visiteurs avec sourire et amabilité**, une **note chaleureuse** dans le comportement est même la **bienvenue** lorsque c'est possible.

Enfin, la personne chargée d'accueil doit faire preuve d'une bonne **qualité d'écoute**, il lui faut parfois prendre des décisions, et il lui appartient de bien discerner son rôle. A cela s'ajoutent d'autres qualités telles que le **calme**, la **patience**, l'aptitude à gérer le stress des salles d'attente.

Nous retiendrons comme critères à satisfaire pour l'accueil en entreprise : la **lisibilité de l'image valorisée, le sourire, la qualité d'écoute, l'aptitude à mettre les clients et visiteurs à l'aise.**

• *Accueil et accessibilité du site, de l'information*

Dans les quatre exemples présentés, l'accessibilité du site est réalisée, chaque exemple montre cependant un choix bien particulier.

A l'**exemple 1**, le site est accessible mais très discret, les matériaux utilisés restent dans des couleurs grises ou beiges, à l'intérieur, l'impression globale montre peu de fantaisie et une certaine froideur s'en dégage. L'hôtesse d'accueil s'occupe également du standard, elle est postée en hauteur, derrière un comptoir et une paroi vitrée ce qui ne facilite pas les choses au plan relationnel. On se croirait presque dans certains locaux administratifs. La lisibilité de l'image valorisée est loin d'être immédiate.

A l'**exemple 2**, le site est parfaitement accessible, il n'a y pas de confusion possible, l'entreprise affiche son nom en grand ! L'intérieur luxueux correspond aussi à l'image de puissance transmise par la tour.

les hôtesses portent les couleurs de l'entreprise, et en nombre suffisant pour être disponibles sans que se crée de file d'attente. Celle qui reçoit le visiteur se montre particulièrement sympathique, chaleureuse. Elle l'installe confortablement, lui offre un café.

A l'**exemple 3**, nous avons encore affaire à une tour, et retrouvons une fois de plus cette image de puissance. Le site est parfaitement accessible, les jardins qui entourent le bâtiment offrent une image agréable, l'ensemble visuel extérieur est donc très satisfaisant. A l'intérieur cette fois, la décoration a réalisé une ambiance particulièrement agréable pour un lieu de passage très utilisé qui donne l'impression d'une grande activité.
Ici encore, l'accueil est tout à fait agréable et chaleureux, les hôtesses sont disponibles et efficaces.

A l'**exemple 4**, l'accessibilité du site se trouve si bien organisée qu'on ne sait par quelle porte entrer ! On peut dire que cette entreprise s'intègre totalement dans le tissu urbain dans laquelle elle se situe !

A l'extrême, cette facilité d'accès ne va pas dans le sens d'une image valorisée, avec autant de portes on entre et sort à tout instant !

L'intérieur est décoré de façon à rappeler que le champ d'action de l'entreprise se situe dans les plantes et les fleurs. On a donc construit une ambiance de jardin, plantes et fleurs, fontaine, mobilier de jardin, et même fond sonore avec chants d'oiseaux ! La lisibilité de l'entreprise se trouve donc bien réalisée, l'identification ne fait aucun doute. La personne chargée d'accueil se montre très sympathique, et parvient à gérer rapidement une difficulté qui aurait pu compliquer les choses.

• *Le temps passé au bureau d'accueil est-il justifié ? Par la qualité du service, celle de la relation... ?*

À chaque exemple, le temps passé au bureau d'accueil est parfaitement justifié. Les hôtesses se montrent disponibles et effectuent leur tâche avec efficacité.

A l'**exemple 1** cependant, on peut s'étonner du formalisme de la fiche de rendez-vous. L'exigence d'une pièce d'identité entre également dans le même cadre. Nous préférons penser que ce choix s'appuie sur de solides justifications. Si l'on décide de suivre cet exemple, il faut savoir qu'outre la possibilité de mieux identifier les visiteurs, ce formalisme donne aussi l'impression qu'on cherche à se protéger de ce qui vient de l'extérieur.

• *Le visiteur pouvait-il se passer de cette phase d'accueil ?*

Le passage au bureau d'accueil est obligatoire quel que soit l'exemple cité. Seuls les gens qui travaillent sur le site et appartiennent à l'entreprise font l'économie de ce passage. Le bureau d'accueil remplit souvent plusieurs fonctions et surtout celle de standard, il représente une interface entre l'entreprise et le monde extérieur. Le bureau d'accueil fait également partie d'un dispositif de sécurité. Dans certains cas, on remet au visiteur un badge portant son nom, sa qualité, la personne de l'entreprise qui a suscité cette visite. Sans ce badge, un certain nombre de portes lui sont fermées.

Un bon nombre d'entreprises ont été confrontées au risque d'espionnage industriel et font preuve de vigilance à l'égard de leurs visiteurs.

Dans d'autres cas, au cours de périodes où des risques d'attentats sont possibles, tous les bâtiments qui accueillent le public font l'objet de surveillance, les services d'accueil ont également des consignes à appliquer, ce qui explique l'attitude vis-à-vis de paquets encombrants. Le bureau d'accueil fait parfois office de consigne !

• *L'accueil répond-il aux besoins produits par cette situation particulière ? Site, résultats, et relation d'accueil sont-ils adaptés aux attentes du public ?*

Dans les quatre exemples cités, on peut observer que, dans l'ensemble l'accueil répond aux besoins et critères nécessités par ce contexte particulier, c'est à dire : **lisibilité de l'image valorisée, le sourire, la qualité d'écoute, l'aptitude à mettre les clients et visiteurs à l'aise.**

A l'**exemple 1**, on ne peut avec certitude identifier parfaitement l'entreprise. Nous avons vu que sa façade reste très discrète, il pourrait s'agir de tout autre chose. A l'intérieur, on reste dans une **ambiance froide** et **impersonnelle** qui traduit probablement un état de la culture de cette entreprise, et s'illustre non seulement dans la décoration, mais le choix de l'organisation du bureau d'accueil, et encore dans le **formalisme** exigé vis-à-vis des visiteurs. En revanche, l'hôtesse fait vraiment de son mieux pour gérer à la fois le téléphone et l'accueil des visiteurs. Elle garde son **calme** et son **amabilité**. Elle doit toutefois **aller vite** car un appel peut survenir à tout moment.

A l'**exemple 2** la **lisibilité** se trouve tout à fait réalisée et l'entreprise parfaitement identifiée, on observe également une excellente lisibilité de l'**image valorisée**. L'entreprise donne par l'aspect luxueux de son décor intérieur une impression de prospérité, d'activité par la présence de plusieurs hôtesses, et d'organisation par la mise aux couleurs de celles-ci. Le port d'un uniforme renforce la notion d'appartenance à une organisation, et donne une image de cohésion collective. Le comportement de l'hôtesse se révèle parfaitement adapté, sympathique et souriante sans tomber dans la familiarité ou le bavardage... Du grand art !

A l'**exemple 3** on note également l'**excellente lisibilité de l'image valorisée**. Comme l'aspect extérieur, le décor intérieur donne une impression de chaleur et de transparence : des gens traversent le hall, se parlent, s'interpellent, la lumière du jour pénètre abondamment, les mezzanines laissent voir de nombreux bureaux en activité. Cette image de transparence peut être lue au sens propre comme au figuré, on a donc affaire à une entreprise qui veut donner l'impression de son **ouverture vers l'extérieur** (vers de nouveaux marchés, de nouvelles technologies, etc...) Cet objectif de communication se trouve aussi repris par la **qualité de l'accueil**. Le visiteur se présente à l'hôtesse qui, annonce immédiatement sa visite, lui donnant par là l'impression d'être le **bienvenu**. Les choses se passent sans formalisme inutile, avec efficacité et dans un **climat sympathique**.

A l'**exemple 4**, la lisibilité du message de l'entreprise n'est perceptible que de l'intérieur, toutefois, si l'on prend un peu de recul, on remarque qu'un **ensemble de détails forment l'image négative** d'une certaine capacité d'improvisation probablement non désirée. Le trop grand nombre d'accès au site (deux ascenseurs, une porte d'entrée, une entrée livraison, une entrée par parking souterrain ! sans compter les passerelles menant à des placettes et que nous n'avons fait qu'entrevoir) complique un peu les choses pour le visiteur. Pour le collaborateur, cette disposition peut être intéressante pour changer ses routines, ou sortir sans qu'on le voie ! L'omniprésence de l'ambiance jardin est un peu pesante, le trait quelque peu lourd montre un manque de raffinement. L'absence du collaborateur qui a donné rendez-vous à la visiteuse achève de brosser ce tableau dont il se dégage une image « d'à-peu-près » et certainement pas d'une attitude professionnelle et relationnelle parfaitement maîtrisées.

• *Points forts, points faibles : qualité, adaptation*

Si nous observons à présent l'ensemble de ces quatre exemples, nous pouvons relever quelques points forts, notamment aux **exemples 2 et 3 la lisibilité du message de l'entreprise**, tant sur plan visuel au stade de la découverte et de l'accès au site qu'à la phase relationnelle de l'accueil. D'autres points forts sont à relever au niveau du comportement des hôtesses chargées de l'accueil. Si à l'**exemple 1**, l'hôtesse semble réservée quant aux formalités qu'elle se doit d'exiger de chaque visiteur, aux exemples suivants, aucune des personnes chargées d'accueil ne tombe dans l'excès de formalités. Au contraire, elles accueillent le visiteur avec **sympathie**, prennent en charge sa demande avec **efficacité, gardent le sourire** et savent prendre des initiatives comme c'est le cas à l'**exemple 4**.

Nous trouvons **deux points faibles à l'exemple 1**, d'une part le **manque d'identité du site**, les locaux à portée du public de cette entreprise ressemblent à n'importe quel hall d'un bâtiment administratif, cela ne permet pas de transmettre via l'accueil une image valorisée de l'entreprise, et donc constitue un manque d'efficacité dans la communication. Cela posé, nous pourrions aussi interpréter cela comme un avantage, si nous mettions en avant la discrétion et cherchions à passer inaperçu, comme nous ne sommes pas dans les secrets de la stratégie managériale, nous ne pouvons qu'émettre quelques hypothèses ! D'autre part, nous pensons qu'un excès de formalisme n'est pas souhaitable, une fiche de rendez-vous, soit, mais faut-il demander aussi une pièce d'identité ? Là encore question de culture et de rapport avec l'environnement humain.

Les règles d'Or pour l'application

Pour l'application, encore une fois nous ne saurions trop insister sur le fait que l'accueil revêt une grande importance dans ce type de site car il contribue à forger pour le visiteur, le client ou le partenaire, la **première impression**. Tout compte quand il s'agit de faire bonne impression, l'accessibilité, la lisibilité des messages, le type d'image valorisée qu'on veut transmettre, la manière d'accueillir les gens.

Les quelques exemples cités ici ont tous été recueillis dans de très grandes structures, société initiale, ou succursales de multinationales. Notre expérience de consultant nous a appris à accorder une extrême attention au processus d'accueil, les aspects visuels, l'organisation du site d'accueil, le comportement des personnes à qui incombe la tâche. Nous intégrons de multiples détails dans notre lecture des différentes situations.

Il faut retenir également que l'impression d'ensemble qu'on crée en organisant l'accueil ne correspond pas toujours à ce qu'on a désiré. En d'autres termes le résultat final est autre chose que la somme des éléments qui le composent ! A l'**exemple 4**, on constate bien en effet que l'impact n'est pas aussi positif qu'on l'a souhaité. Quand on en fait trop pour présenter son image, on obtient parfois un résultat contraire.

Enfin, nous retiendrons qu'ici, l'accueil a pris une autre dimension par rapport à ce que nous avons étudié auparavant. Jusque là le comportement des personnes chargées de l'accueil pouvait être aimable, ici, nous avons eu affaire dans l'ensemble à des personnes sympathiques, souriantes avec naturel, décontractées et efficaces. Il s'agit là d'un but vers lequel il nous paraît intéressant de nous orienter. Nous expliquons cela notamment parce que les personnes chargées de l'accueil sont recrutées pour cette tâche, il ne s'agit pas, comme c'est souvent le cas dans d'autres contextes de personnes qui assument l'accueil en plus de leur travail habituel.

8 – L'accueil dans une boutique

Nous restons dans le contexte commercial, mais, sur une petite échelle cette fois. La boutique forme un espace réduit où les aspects relationnels de l'accueil se révèlent déterminants pour la suite et notamment le bon déroulement de la vente et la fidélisation du client.

En fait, dans le cadre de la boutique, l'accueil et la vente incombent à la même personne, jusqu'où va le premier, où commence la seconde ? La réponse se trouve dans la spécificité d'ambiance qu'on choisit d'adopter. Les exemples suivants vont mettre l'accent sur ce que perçoit le client ou le visiteur de la vitrine à l'entrée et au premier contact avec la personne censée l'accueillir.

Exemple 1

La boutique est située en plein centre d'une grande ville dans une rue piétonne très passante. On y trouve du prêt à porter de gamme moyenne destiné à une clientèle jeune, aisée et branchée ! Marianne a vu une veste dans la vitrine, elle aimerait l'essayer, pourvu qu'il y ait encore sa taille ! Dans ces petits magasins, il n'y a que peu de modèles et Marianne le sait bien.

Après avoir vérifié que la veste se trouve encore dans la vitrine, Marianne entre dans la boutique. Elle jette un coup d'œil autour d'elle, mais ne voit personne. Elle se

met donc à « regarder avec les mains » sur les portants, finit par trouver la veste qu'elle cherche mais dans une autre couleur. Elle l'essaie, mais cela lui plaît moins. Elle voudrait bien essayer celle de la vitrine et cherche la vendeuse.

Cette dernière apparaît, elle sort par une porte dérobée qui laisse s'échapper une forte odeur de tabac et entrevoir un grand déballage de cartons. La vendeuse se recoiffe dans une glace, puis découvrant la présence de Marianne l'interroge du regard.

– *Vous désirez ? finit-elle par dire.*

– *Je voudrais essayer la veste qui est en vitrine.*

– *Vous avez la même en vert dans le rayon, dit-elle.*

– *Oui, je l'ai essayée, répond Marianne, mais c'est la rouge que je veux.*

– *Je ne suis pas autorisée à défaire les vitrines, je suis désolée.*

– *Alors je ne peux pas essayer la rouge ? interroge Marianne incrédule.*

– *Il faut que je demande à la direction, moi, je ne défais pas la vitrine, l'étalagiste vient juste de la faire.*

– *Tant pis, j'irai ailleurs dit Marianne en sortant.*

– *C'est comme vous voulez, soupire l'autre d'un air indifférent.*

Exemple 2

Il s'agit d'un magasin d'appareils électroménagers dans la rue principale d'une petite ville. Nicole voudrait acheter un lave-linge, elle a déjà vu plusieurs modèles et sait à peu près ce qu'elle veut. La vitrine offre une image à la fois de fantaisie et d'ordre, couleurs vives de petits appareils, excellent éclairage, et lisibilité des caractéristiques et des prix des produits exposés. Nicole entre dans la boutique, une discrète sonnette se fait entendre lorsqu'elle franchit le seuil.

– *Bonjour Madame, puis-je vous aider ?*

La vendeuse, détendue et souriante, vient saluer Nicole.

– *Bonjour Madame, je voudrais voir les lave-linge, répond Nicole.*

– *Je vais vous montrer, c'est par ici. La vendeuse fait signe à Nicole de la suivre. En allant vers le rayon, la vendeuse lui pose quelques questions sur ses habitudes et s'enquiert du budget qu'elle souhaite consacrer à cet achat.*

Exemple 3

Il s'agit d'une boutique de cadeaux, gadgets, carterie, etc... située sur une place et formant un angle à un carrefour. La longueur de la vitrine est très importante, et on y a disposé une quantité incroyable d'objets de toute sorte. Kevin s'attarde longuement, observe en détail avant d'entrer, il voudrait trouver une carte postale amusante pour l'anniversaire d'un de ses amis, mais cela ne l'empêche pas de regarder le reste par curiosité.

Il franchit le seuil et un curieux bruit de rires se fait entendre, bizarre la sonnette se dit-il... Il se dirige vers le tourniquet des cartes postales.

– *Bonjour ! Puis-je vous aider ? La vendeuse lui sourit, le regarde un instant et reprend :*

– Faites un petit tour dans le magasin, prenez votre temps, appelez-moi si vous avez besoin d'un conseil ou d'un renseignement !

– Hum... Merci beaucoup répond Kévin, un peu soulagé que la vendeuse le laisse tranquille. Ce n'est pas facile de choisir quand il y a tellement de choses, et il aime bien en voir un maximum avant de se décider, alors forcément, cela prend du temps.

Exemple 4

Deux amies entrent dans une boutique de vêtements située dans la galerie marchande d'un centre commercial. Les vitrines sont ainsi faites qu'on n'a pas l'impression d'entrer et pourtant on se trouve à l'intérieur. C'est ce qui leur arrive, et à peine ont-elles commencé à chiner qu'une vendeuse arrive derrière elles et dit :

– Vous avez besoin d'un renseignement ?

– Bonjour Mademoiselle, répond ironiquement la première, nous ne venons pas pour un renseignement, mais pour regarder ce que vous avez si cela ne vous dérange pas trop !

La vendeuse s'éloigne de quelques pas. Nos deux amies pouffent de rire et continuent leur exploration. Une autre cliente entre, elles entendent la vendeuse qui répète :

– Vous avez besoin d'un renseignement ?

Exemple 5

Une boutique de chaussures dans une rue commerçante d'une petite ville. On approche de la rentrée, et il y a beaucoup de monde. Une dame entre avec deux jeunes enfants, la personne qui est à la caisse s'adresse à eux.

– *Bonjour Madame, bonjour les enfants, que désirez-vous ?*

– *Bonjour Madame, je voudrai des chaussures pour mes enfants, cela ne va pas être trop long ?*

– *Soyez tranquille, si vous le souhaitez, il y a un espace de jeux réservé aux enfants, ils peuvent s'amuser un peu en attendant ?*

– *Ah très bien, répond la cliente, je vais pouvoir me reposer un instant ! Merci.*

Exemple 6

C'est une boutique où l'on trouve des accessoires de mode : sacs, ceintures, foulards, chapeaux, gants etc. L'impression d'ensemble évoque une élégance discrète et raffinée, la vitrine a été très bien composée avec un décor qui évoque le bord de la mer et l'été. Sandrine est à la recherche d'un sac de plage pour les vacances, elle a vu un modèle qui lui plaît et entre dans la boutique pour le regarder de près et éventuellement en voir d'autres.

La vendeuse est au téléphone et continue sa conversation :

– *Ouais hein, j'te dis pas la tête qu'il a fait...*

– *Ouais...Ouais...*

– *Nan ! Ah j'te raconte pas !*

– *Quoi ? Samedi ? Ouais hein !*

Sandrine regarde la vendeuse, celle-ci continue...Au bout d'un petit moment :

– *Bon faut que j'te laisse, hein... A plus !*

Elle raccroche et s'adresse à Marine :

– *Vous désirez, hein ?*

– *Montrez-moi ce que vous avez comme sacs de plage.*

La vendeuse se lève et sort paresseusement quelques sacs :

– *Bon voilà, ce que j'ai, et ce modèle en blanc, en bleu ou à rayures.*

– *Et l'autre avec une ancre de marine ? demande Sandrine.*

– *Celui-là il est réservé.*

– *C'est dommage, c'est justement celui-là qui me plaisait le plus, rétorque Sandrine.*

À ce moment, une jeune femme entre dans la boutique et sans tenir compte de la cliente, regarde le sac réservé et s'adresse à la vendeuse :

– *Bon, tu me le mets de côté celui-là, j'compte sur toi.*

– *Ouais hein, pas d'problème.*

– *T'as bientôt fini qu'on aille prendre un café, j'tattends à côté, OK ?*

– *Ouais hein, j'finis ma cliente et j'arrive.*

Mais Sandrine est déjà partie.

QUIZZ

Questions au lecteur :

I – Quand vous entrez dans une boutique, qu'est-ce qui est important ? Indiquez les phrases avec lesquelles vous êtes d'accord.

1 – Je souhaite d'abord me faire une idée,
et qu'on me laisse regarder

tranquillement   d'accord ☐

pas d'accord ☐

2 – J'ai horreur des boutiques où l'on fait comme
si on ne me voyait pas   d'accord ☐

pas d'accord ☐

3 – Quand un client entre, le vendeur ou la
vendeuse doivent le regarder
et lui dire bonjour   d'accord ☐

pas d'accord ☐

4 – Si je vois quelque chose dans la vitrine,
je dois pouvoir l'essayer ou l'examiner,
même si je ne l'achète pas   d'accord ☐

pas d'accord ☐

5 – Je déteste que le vendeur me laisse à peine le temps d'entrer et me propose ses services !   d'accord ☐

                                          pas d'accord ☐

6 – Quand l'accueil n'est pas agréable, je vais faire mes achats ailleurs   d'accord ☐

                                          pas d'accord ☐

II – Classez les exemples de 1 à 6 en fonction de :

1 – L'amabilité de l'accueil :
Votre choix : exemple 1, 2, 3, 4, 5, 6

2 – La compétence de la vendeuse
Votre choix : exemple 1, 2, 3, 4, 5, 6

3 – L'attrait de la vitrine
Votre choix : exemple 1, 2, 3, 4, 5, 6

4 – La facilité d'accès
Votre choix : exemple 1, 2, 3, 4, 5, 6

5 – La sensation d'être à l'aise
Votre choix : exemple 1, 2, 3, 4, 5, 6

III – Dans quelle(s) boutique(s) aimeriez-vous entrer ? Pourquoi ?

Votre choix : exemple 1, 2, 3, 4, 5, 6
Votre commentaire...
....

IV – Quelle(s) vendeuse(s) n'auriez-vous pas aimé rencontrer ? Pourquoi

Votre choix : exemple 1, 2, 3, 4, 5, 6
Votre commentaire ....
....

V – Quels conseils donneriez-vous à(aux) la vendeuse(s) que vous n'aimeriez pas rencontrer ?

1 – Changez de métier au plus vite !   oui/non
2 – Cessez de fumer !   oui/non
3 – Souriez !   oui/non
4 – Apprenez la politesse !   oui/non

VI – Dans les exemples précédents, à quel(le) client(e) ressemblez-vous ?

Votre choix : exemple 1, 2, 3, 4, 5, 6.

VII – Dans les exemples précédents, de quelle vendeuse aimeriez-vous jouer le rôle ? Pourquoi ?

Votre choix :
Votre commentaire ....
....

VIII – Quelles sont les qualités indispensables pour bien accueillir les clients dans une boutique ?

1 – Être souriant et aimable
2 – Savoir observer et écouter

3 – Savoir se montrer patient
4 – Rester calme quoiqu'il arrive
5 – S'intéresser aux clients

Autres réponses...

IX – Quels points forts avez-vous observés ?

....

....

X – Quels points faibles relevez-vous ?

....

....

Nos commentaires suivant la grille d'analyse

• *Définir la boutique, ses fonctions et ses buts*

Une boutique est un lieu de vente. Il s'agit bien sûr d'une entreprise commerciale, soit elle n'occupe qu'un seul lieu de vente, soit elle en possède quelques uns, soit il s'agit d'une chaîne possédant des boutiques presque dans chaque ville. Le client y trouve différents produits qu'il peut examiner, voire essayer et emporter. Il est rare qu'une boutique occupe une très grande surface de vente, en général, l'espace est assez réduit. Dans des magasins de plus grande taille, différents espaces sont généralement organisés, ainsi, le client retrouve une ambiance boutique quand il cherche un produit en particulier.

Les clients, et surtout les clientes ne vont pas uniquement par nécessité dans les boutiques, notamment dans celles qui vendent des vêtements, des chaussures, des accessoires de mode. Les magasins de disques et les librairies attirent également un flux de chalandise parfois important. L'achat ne conclut pas toujours la démarche.

Une boutique se trouve donc essentiellement organisée pour servir de **cadre de vente**, généralement, lorsqu'on en fait le plan, on imagine le flux de la visite, et les différents points de l'espace où le regard va obligatoirement se porter. Cette observation du lieu permet d'organiser avec efficacité l'espace de vente.

Une boutique c'est aussi un **espace de communication** entre les clients qui entrent et la personne qui les reçoit. Il suffit pour s'en convaincre de considérer notre propre expérience de client, il y a des boutiques où l'on a plaisir à acheter en raison essentiellement de l'accueil qu'on y reçoit.

Pour deux produits identiques, s'il doit y avoir une vente, le client va là où il sait trouver un maximum de confort relationnel.

• *À quoi sert une boutique ? Que produit-elle ?*

Nous avons dit que la boutique est d'abord un lieu de vente, sa fonction commerciale est en effet la première et la plus importante, d'ailleurs, le reste des fonctions observées provient de cette dernière.

Tout espace commercial a pour objectif de faire des profits. La boutique n'échappe nullement à cette perspective. C'est pour réaliser des profits qu'on organise la vente, qu'on ouvre des boutiques, etc...

La **boutique remplit aussi d'autres fonctions**, l'image qu'elle offre doit être attirante et **faire rêver** les clients. Même s'ils ne peuvent acheter le produit présenté, ils peuvent s'en approcher, le regarder de près, pour certains le toucher où s'en servir ! (livres, cédéroms, disques, vidéo, font partie de ces produits). Certaines chaînes commerciales ne se privent pas de cet argument dans leurs messages publicitaires.

La boutique met à la disposition des clients des produits représentatifs de la mode, et du climat affectant aussi bien l'économie que le moral des gens. L'observation attentive des boutiques d'un centre-ville donne beaucoup à apprendre sur tous ces contextes. Cependant, lorsque les clients « font les boutiques », c'est rarement pour s'étendre en considérations sur le climat ambiant, mais plutôt pour la distraction que cela procure !

• *Quels sont les intérêts en jeu dans le fonctionnement de la boutique ? A qui profite cette activité ?*

Une boutique, comme tout espace de vente sert d'abord, comme nous l'avons dit plus haut à rapporter des profits à son propriétaire, il est bien sûr le premier intéressé comme l'étaient les actionnaires d'une grande société dans la situation précédente. Impliqués dans l'activité économique de leur cité, les commerçants créent quelques emplois, et participent à la vie de la communauté en

apportant leur part financière de taxes et autres rede-
vances.

Les clients, quant à eux, peuvent apprécier de trouver un
choix de boutiques près de chez eux afin de faire leurs
achats. Pour de nombreux produits, les clients se fournissent au supermarché, ou par correspondance. Il demeure
un certain nombre de choses que les gens préfèrent acheter en boutique pour avoir un contact, un conseil, et éventuellement un suivi. À l'évidence, ces habitudes et ces
mentalités évoluent, le client cherche souvent le produit le
moins cher possible, et s'il y gagne à l'évidence, il perd
parfois beaucoup de temps à parcourir les magasins, les
catalogues, et à se renseigner. Une boutique, un vendeur
en qui on peut avoir confiance, économisent le temps et
l'énergie du client pour un prix qui demeure le plus souvent raisonnable et justifié.

• *Comment le visiteur, le client, l'usager, perçoit-il*
  la boutique ? Quelle est son image auprès du public ?

Cependant, il demeure que le client perçoit la boutique
comme offrant à la vente des produits sensiblement **plus
chers** qu'une grande surface. Cette idée se fonde bien
entendu sur l'expérience de chacun, et sur le matraquage
publicitaire utilisé et réutilisé par les grandes surfaces. Il
arrive donc assez souvent que les boutiques n'arrivent pas
à baisser leur prix au niveau de celui des grandes surfaces
et cela vient s'ajouter à cette idée de « **prix élevés** » qui les
affecte.

Dans le même ordre d'idées, le grand public croit aussi
parfois qu'une boutique réalise d'**énormes profits** en

multipliant le prix d'achat des articles proposés par 3 ou 4, quand ce n'est pas davantage. Certains reportages soulignent en effet des pratiques douteuses, et c'est souvent toute une corporation qui s'en trouve touchée. Toutefois, les grandes surfaces, elles aussi, pratiquent sur certains produits des marges bénéficiaires tout aussi élevées.

Cependant, les gens ont aussi des **images valorisées** de la boutique, et cela essentiellement en raison de l'**accueil**, de la **qualité de la relation**, des **conseils** et bien sûr de la **satisfaction** apportée par les achats réalisés. Dans bien des cas, le client pense que, pour trouver un article de qualité il est nécessaire d'aller dans une boutique.

Les images valorisées appartiennent bien sûr aux gens qui peuvent instaurer des habitudes d'achats auprès d'un commerçant. La dimension de reconnaissance entre alors en compte et permet de faire la différence. En principe, le vendeur a intérêt à fidéliser les clients car cela lui permet de mieux les satisfaire, les connaissant mieux, et surtout de s'assurer une base de chiffre d'affaires.

Beaucoup de gens développent également une image valorisée de la boutique en opposition avec la grande surface. En effet, la dimension relationnelle, l'insertion dans un tissus social restreint favorise la communication entre les gens. Lorsque les boutiques disparaissent d'une petite ville ou d'un quartier, les habitants se trouvent donc dans l'obligation de se rendre à la grande surface, ils perdent le choix, mais surtout des habitudes relationnelles agréables.

Tous ces aspects entrent dans l'image de la boutique auprès du public, il nous semble que la plupart des gens tiennent à garder ses habitudes d'achat et souhaite voir cœxister plusieurs types de distribution. L'espace de la boutique restant cependant quelque peu privilégié.

• *Quels sont les besoins générés par ce contexte en termes d'accueil ?*

Si l'on met la dimension relationnelle au premier plan des avantages qu'offre la boutique, il apparaît que l'accueil se doit vraiment d'être à la hauteur. Pourtant, nous verrons au cours des différents exemples observés que ce n'est pas toujours le cas, loin s'en faut quelquefois.

Dans un espace de taille réduite, la qualité doit être encore plus élevée car, les défauts apparaissent aussi comme grossis du fait même de la réduction de l'espace.

Si, par exemple, vous avez posé une question à un vendeur et que celui-ci continue de bavarder avec son collègue comme si vous n'étiez pas là, cela paraît encore plus incorrect dans une petite boutique que si le même fait se produit à la caisse d'un hypermarché où l'on sait bien que les rares employés qu'on y voit se montrent rarement aimables ou attentifs avec le public.

Le client qui entre dans une boutique désire souvent regarder par lui-même avant de s'adresser à un vendeur, à moins qu'il ne cherche un produit bien précis et soit pressé.

Pour répondre à cette attente le vendeur effectue plusieurs tâches : **saluer le client pour montrer qu'il l'a vu, et s'enquérir de ce qu'il veut**, soit faire un tour et regarder, soit voir un produit en particulier.

Cela nécessite plusieurs traits bien spécifiques, dont un **bon sens de l'observation, du calme, une attitude sympathique et patiente.**

Lorsque le vendeur est trop présent, cela gêne parfois les clients qui souhaitent satisfaire leur curiosité et chiner un peu car ils n'ont pas toujours l'intention d'acheter. Cependant, il arrive parfois qu'on achète quelque chose parce qu'on l'a vu sur place alors qu'on cherchait autre chose : il y aura donc une meilleure vente si on laisse le client regarder tranquillement.

Dans une boutique, l'**accueil** est très important car il a une **influence directe sur la vente** qui peut se réaliser immédiatement. Nous devons donc l'organiser de manière à ce qu'il soit le plus efficace. En boutique, un **accueil de qualité** se doit d'être **discret mais bien lisible, sympathique et naturel,** le but à atteindre étant de **faire une excellente impression, de mettre le client à l'aise** et lui **donner envie d'acheter.**

Pour accueillir de façon discrète et lisible, on n'a encore rien trouvé de mieux que de saluer les gens qui entrent dans la boutique.Un « Bonjour Madame ! » prononcé clairement, accompagné d'un sourire sympathique montre à la cliente que la vendeuse est disponible. Ce qui va suivre juste après doit permettre à la vendeuse de savoir ce que veut la cliente et de la mettre à l'aise. L'accueil n'est que la première étape d'un processus de fidélisation, et nous devons toujours y penser à l'arrivée d'une cliente. Par ailleurs, une cliente même fidèle peut aller se fournir ailleurs si quelque chose la dérange dans ses habitudes, si un jour on ne l'accueille pas avec la même attention.

Le fait de se montrer sympathique et naturel revêt aussi une grande importance, parce que notre attitude se transmet souvent involontairement aux autres. Si nous sommes de très mauvaise humeur, ou déprimés, notre comportement a tendance à « contaminer » les gens qui nous côtoient ce qui est en fait très difficile à supporter. Dans la vente, nous devons arriver à chasser rapidement la mauvaise humeur quand nous sommes sur le terrain. Un vendeur qui accueille de façon maussade obtient de mauvais résultats, tant au niveau du chiffre qu'à celui de la fidélisation.

Nous retiendrons donc comme caractères valorisés pour l'accueil en boutique : **saluer** le client, **être présent mais discret**, avoir une **attitude sympathique et naturelle**.

• *Accueil et accessibilité du site, de l'information*

Dans l'ensemble, les boutiques offrent d'excellentes conditions d'accessibilité, parfois, même le client se retrouve à l'intérieur de la boutique seulement en suivant la vitrine ! Avec l'aspect visuel de la vitrine, l'accessibilité sont les deux points essentiels de l'accueil avant le contact en soi. Beaucoup de personnes n'entrent pour la première fois dans une boutique que si son aspect leur plaît de l'extérieur. Il faut aussi que cette boutique soit bien visible, donc également accessible. On entend parfois des gens témoigner en disant :« Ah, il y a une boutique là, je passe par cette rue presque tous les jours et je ne l'avais jamais encore remarquée ! » Une telle affirmation montre à l'évidence que l'accessibilité au site et loin d'être réalisée.

D'autre part, les informations concernant les produits sont rarement présentes dans la vitrine, à part pour quelques points précis qui servent aussi d'arguments de vente. Le prix est indiqué, sauf mention expresse, car c'est obligatoire, pour le reste, il faut avoir recours au vendeur qui donne les informations complémentaires.

À l'**exemple 1**, l'accessibilité de la boutique est bien réalisée, la cliente connaît l'existence de ce site, elle a remarqué un article qui a attiré son regard, revient, décidée à l'acheter, pour en savoir plus. On peut donc dire que la phase d'accueil antérieure au contact avec la vendeuse s'effectue bien. Ensuite les choses se gâtent sérieusement, d'une part la vendeuse n'est pas là pour accueillir la cliente, d'autre part, elle rend le produit inaccessible car elle refuse de le prendre dans la vitrine sans autorisation de la responsable de la boutique.

À l'**exemple 2**, l'accessibilité à la boutique est également bonne, mais en plus des prix il y a des informations techniques sur les produits accessibles dans la vitrine. Ici l'accueil qui précède le contact avec la vendeuse s'effectue dans d'excellentes conditions, qui vont se trouver parfaitement relayées ensuite.

À l'**exemple 3**, regarder la vitrine c'est déjà entrer dans le processus de choix. Le bazar de l'intérieur trouve une parfaite description dans l'organisation de la vitrine. C'est en effet une vitrine qui convient très bien aux badauds et autres curieux : elle contient tellement d'objets qu'il faut prendre son temps pour tout voir. On remarque donc la parfaite correspondance entre l'extérieur et l'intérieur ce qui va dans le sens de l'accessibilité par la fourniture d'un grand nombre d'informations visuelles à propos du contenu de la boutique.

Il n'est pas rare en effet d'admirer une belle vitrine et de ne rien trouver à l'intérieur en rapport avec cette belle image.

À l'**exemple 4**, l'accessibilité est excellente, les deux clientes se retrouvent à l'intérieur de la boutique sans vraiment avoir eu l'impression d'entrer. Cette disposition particulière ne peut qu'inciter à chiner sans s'occuper de chercher une vendeuse : en effet, le territoire de la boutique n'est pas explicitement indiqué, les clients continuent donc à se comporter comme ils le font à l'intérieur des allées de l'hypermarché. La vendeuse qui arrive par derrière les deux clientes vient en revanche perturber le processus.

À l'**exemple 5**, la cliente va devoir attendre car il y a un peu de monde, ce qui pourrait être une situation désagréable pour la dame accompagnée de deux jeunes enfants se transforme grâce à une nouvelle dimension de l'accessibilité : l'espace réservé aux enfants. Celui-ci permet en effet de faire patienter les plus jeunes en leur permettant de s'amuser pendant que leurs parents font des achats, ou en attendant leur tour.

À l'**exemple 6** enfin, si l'aspect extérieur de la boutique est vraiment incitatif, les conditions d'accueil à l'intérieur sont déplorables et s'aggravent encore du fait que l'article que la cliente veut acheter est « réservé ». Que penser de cette organisation qui laisse à portée du regard un article qui n'est pas à vendre ?

• *Le temps passé au bureau d'accueil est-il justifié ?*
Par la qualité du service, celle de la relation... ?

La durée de la phase d'accueil dans une boutique se trouve très réduite, elle se décompose en deux phases, d'une part la phase visuelle qui peut ou non déclencher l'entrée, et dans ce cas la phase de contact direct.

À l'**exemple 1**, il n'y a pas d'accueil car il n'y a personne pour accueillir la cliente à l'entée. À l'**exemple 2** l'accueil montre de nombreuses qualités, outre la sympathie de la vendeuse, il est rapide et précis. À l'**exemple 3** le client a déjà passé un bon moment à examiner la vitrine avec plaisir, lorsqu'il entre, la personne qui l'accueille l'a sans doute bien observé et l'incite à prendre tout son temps. À l'**exemple 4**, les clientes n'ont même pas le temps de choisir d'entrer, peut-on encore parler d'accueil puisqu'elle ont l'impression d'être encore dans la galerie ? Toujours est-il qu'elles ne perdent pas leur temps avec un processus d'accueil. La vendeuse qui arrive dans leur dos ne prend même pas la peine de les saluer. À l'**exemple 5**, l'accueil va consister pour l'essentiel à gérer au mieux l'attente pour être servi. La phase de contact est très brève, et la cliente satisfaite de pouvoir souffler un peu. À l'**exemple 6** enfin, l'accueil est plus qu'impoli car la vendeuse reste au téléphone pendant que la cliente entre et commence à chiner.

• *Le visiteur pouvait-il se passer de cette phase d'accueil ?*

Lorsque le client ne fait que regarder en passant les quelques articles se trouvant à portée du regard et de la main, il pourrait à la rigueur se passer de la phase contact de l'accueil. Toutefois, et surtout en boutique, la phase visuelle de l'accueil demeure indispensable, on achète d'abord avec les yeux, même si l'achat est prévu et intégré dans une démarche raisonnable. Lorsque les grandes surfaces se sont généralisées, le client a pris l'habitude d'entrer et de sortir de ces endroits sans saluer ni être salué, sauf s'il y rencontrait un voisin ou un ami. Aujourd'hui, on demande aux caissières de dire bonjour aux clients, mais beaucoup de clients ne répondent même plus. Ceci s'observe également dans le comportement des gens qui badaudent dans les boutiques, tout se passe comme s'ils souhaitaient effectuer leur exploration des lieux sans être dérangés ne fut-ce que par un « Bonjour ! ».

Nous pouvons donc affirmer que la phase de contact de l'accueil en boutique peut sembler superflue aux yeux de certains, cependant, nous préconisons d'y avoir systématiquement recours lorsque nous voulons créer un climat relationnel agréable avec les clients. Nous devons aussi nous souvenir que nos conseils de vendeur seront mieux écoutés si nous avons su créer un climat propice à la confiance, or, cela commence par un accueil de qualité.

L'accueil répond-il aux besoins produits par cette situation particulière ? Site, résultats, et relation d'accueil sont-ils adaptés aux attentes du public ?

Les exemples que nous avons cités diffèrent les uns des autres, nous avons également choisi de montrer des exemples qu'il faudrait mieux ne pas suivre. Ici, nous ne reviendrons pas sur les aspects visuels de l'accueil, mais examinerons de plus près les aspects relationnels de l'accueil.

À l'**exemple 1**, on peut dire que l'accueil est désastreux. La vendeuse n'est pas dans la boutique pour accueillir la cliente, cela peut bien entendu arriver, mais on s'applique généralement à ne pas faire durer trop longtemps cette absence, ou s'il s'agit d'une pause, de se faire remplacer. Il faut également noter que les effluves de tabac peuvent gêner la cliente. En plus, lorsque la **vendeuse** apparaît, elle est **maussade** et visiblement peu motivée pour accomplir son travail, elle donne l'impression que la cliente la dérange.

À l'**exemple 2**, en revanche, l'accueil répond parfaitement aux attentes de la cliente. La vendeuse se montre tout à fait **sympathique**, et **attentive** puisqu'elle cherche de suite à s'informer sur ce que désire sa cliente. On observe ici un accueil de très bonne qualité : **sympathie** et **efficacité** se rejoignent et contribuent à mettre la cliente en confiance.

À l'**exemple 3**, l'accueil est tout à fait satisfaisant car il répond bien aux attentes du client, ce dernier passe du temps à examiner la vitrine, la vendeuse cherche donc à le mettre à l'aise en l'incitant à prendre tout son temps.

À l'**exemple 4**, le comportement d'accueil de la vendeuse est tout à fait nul, on ne peut même dire qu'elle s'inscrit complètement dans le contraire de ce que veulent les clientes. Ces dernières sont occupées à fouiner, elles se conduisent comme si elles étaient encore dans la galerie, mainfestement, elles souhaitent continuer leur exploration et qu'on les laisse faire en toute tranquillité. La vendeuse qui arrive par derrière les surprend un peu comme si elles étaient en faute, à l'évidence, ces clientes réagissent de façon quelque peu abrupte en critiquant de façon ironique la maladroite question de la vendeuse.

A **l'exemple 5**, l'accueil est parfaitement maîtrisé et s'adapte tout à fait aux attentes de la cliente. L'excellente gestion de l'attente rehausse la qualité de cet accueil. La vendeuse sait se montrer sympathique sans affectation, et son conseil est donc facilement accepté.

On voudrait ne jamais observer d'accueil tel qu'il est montré à l'**exemple 6**, pourtant, hélas, cela arrive encore d'assister à de telles scènes. Avons-nous trop de clients, qu'il faille les chasser de nos boutiques ? Il ne semble pas que ce soit là le discours des commerçants et des propriétaires de magasins ! La vendeuse fait preuve de grossièreté vis à vis de la cliente, en n'abrégeant pas sa conversation téléphonique, en mettant une certaine mauvaise volonté à déballer les articles demandés, et couronne le tout en refusant de vendre un article soi-disant réservé, et en s'adressant à une tierce personne comme si la cliente n'était pas là.

• *Points forts, points faibles : qualité, adaptation*

L'examen de ces quelques exemples met en évidence les points forts et points faibles qui nous servirons ensuite de repères pour l'application.

À l'**exemple 1**, on relève un point faible dans l'**attitude de la vendeuse** qui n'accomplit ni sa tâche d'accueil, ni de vente. Le prétexte avancé est visiblement de très mauvaise foi, qui plus est, les commerçants ne doivent pas exposer un article, en afficher le prix, si c'est pour refuser ensuite de le mettre en vente !

À l'**exemple 2**, on relève **deux points forts : l'excellente organisation de la vitrine** qui donne un maximum d'informations sur les articles exposés, et, d'autre part l'**attitude sympathique et avisée de la vendeuse**. Elle accueille la cliente avec une amabilité non feinte, elle se montre naturelle et détendue, s'enquiert rapidement et précisément de ce que cherche la cliente. Ainsi, elle intègre la phase d'accueil à sa stratégie de vente; il en devient le point de départ.

À l'**exemple 3**, on relève deux points forts, d'une part l'excellente cohésion entre ce qui montré à l'extérieur et ce qui est disponible à l'intérieur de la boutique, la vitrine, pourtant vaste montre bien tout ce qu'on peut trouver à l'intérieur, l'échantillon exposé est tout à fait révélateur de l'ensemble des articles mis en vente. D'autre part, **la vendeuse sait utiliser son sens de l'observation**, elle met son client à l'aise en lui suggérant de prendre son temps, son attitude est souriante et sympathique.

À l'**exemple 4**, ce sont plutôt les **points faibles** qui apparaissent : l'**organisation de la boutique** tout d'abord. Lorsque les clientes suivent la vitrine, elles entrent dans la boutique sans l'avoir vraiment décidé, et cette disposition du site nous semble porteuse d'un certain nombre d'inconvénients. Tout d'abord, lorsqu'un client décide vraiment d'entrer dans une boutique, sa démarche est volontaire, on suppose donc qu'il a un but : soit regarder, faire un tour, chercher un article, voir quelque chose de précis qui lui a plu ou qu'il sait trouver dans cette boutique en particulier. Si le client choisit lui-même d'entrer, il est plus facile et plus logique de lui demander ce qu'il cherche, puisqu'il se situe sur un territoire qui n'est pas le sien. Tandis que si le client a toujours l'impression de se promener dans une rue ou une allée marchande, il peut ressentir l'**intervention de la vendeuse comme une intrusion dans ses occupations**, et c'est exactement ce qui se passe ici. Dans les boutiques dont le territoire se délimite de façon ambiguë, il est préférable de laisser les clients examiner les articles exposés et de n'intervenir qu'en cas d'intérêt manifeste, ou bien de dissiper l'ambiguité territoriale d'une autre façon, par un fond sonore assez présent, une décoration originale, etc... de façon à ce que le client soit conscient de changer d'espace.

À l'**exemple 5** : deux point forts apparaissent : d'une part l'**excellente organisation de l'attente pour les enfants, d'autre part l'attitude de la vendeuse qui joue parfaitement son rôle d'accueil**. Elle se montre **sympathique et prévenante**, présente l'attente comme l'opportunité pour les enfants de découvrir l'espace de jeux qui leur est destiné et pour la maman de souffler une peu. Son conseil étant **parfaitement adapté à la situation**, il est suivi sans la moindre réticence.

À l'**exemple 6** enfin, plusieurs points faibles sont à relever dans l'attitude de la vendeuse qui fait à deux reprises preuve d'impolitesse voire de grossièreté. Rester au téléphone lorsqu'il y a une personne dans la boutique n'est pas une attitude souhaitable, surtout lorsqu'il s'agit, comme c'est le cas ici d'une conversation personnelle. Sur le même registre, lorsqu'une de ses amies passe en réclamant qu'on lui mette l'article en train d'être présenté de côté, cette intervention est très mal ressentie par la cliente, elle peut en effet se demander si on fait vraiment attention à elle et si elle est bien dans une boutique ! Pour achever cette série déplorable, la vendeuse utilise une expression qu'on entend parfois mais qui doit sans exception être bannie du vocabulaire : « je finis ma cliente ! » affirme la vendeuse sans avoir remarqué que celle-ci est déjà partie !

Les règles d'Or pour l'application

Pour l'application, nous devrons retenir l'ensemble des points forts relevés dans cette étude de cas, à savoir :

– **L'organisation de la vitrine**, qui fournit beaucoup d'informations et joue pleinement son rôle descriptif : on trouve bien à l'intérieur ce qui est présenté à l'extérieur.

– **L'accueil de qualité** qui utilise le **sens de l'observation**, la **sympathie**, dans le but de **mettre le client à l'aise et en confiance et permet d'enchaîner très naturellement le processus de vente.**

Enfin, il importe de bien avoir présent à l'esprit que, dans une boutique ou un magasin, l'étape de prise de contact est déterminante, elle construit la bonne ou la mauvaise impression, facilite la vente ou la rend impossible. Nous devons toujours nous efforcer de répondre au mieux aux attentes du client et plus nous sommes attentifs plus cela devient facile.

9 – L'accueil dans un service après-vente

N ous voici à présent dans un contexte très différent qui nécessite un accueil bien spécifique. Le service après-vente est chargé de gérer les problèmes d'entretien, d'échange, de réparation de matériels vendus par l'entreprise. Il est rare que les clients s'y rendent dans d'agréables dispositions, le plus souvent en effet, c'est la panne d'un appareil qui les conduit à demander l'assistance de ce service. Lorsqu'il s'agit d'appareils qui font partie du confort au quotidien, en être privé, parfois pour de longs délais ne réjouit personne, le service après vente va donc devoir assumer cette charge et organiser un accueil efficace.

○○○ *Pris sur le vif*

Exemple 1

Il s'agit du service après-vente d'une grand distributeur d'électroménager, TV, HIFI, micro-informatique, téléphonie. Le service est situé sur le site même près des caisses, il comprend deux postes, l'un pour la réception des appareils, l'autre pour la livraison.

Guillaume apporte le magnétoscope qu'il a acheté trois mois auparavant et qui, selon lui, n'enregistre pas ou mal, or, il y a bientôt des

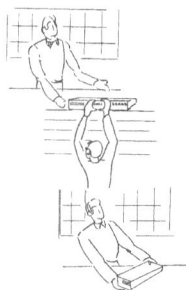

événements sportifs que Guillaume ne veut manquer sous aucun prétexte et souhaite donc enregistrer en son absence pour mieux s'en régaler ensuite ! L'employé qui l'accueille est jeune, d'allure sportive, il porte une tenue aux couleurs de l'entreprise. Il s'adresse à Guillaume :

– *Bonjour, qu'est-ce qu'on peut faire pour vous ?*

– *Bonjour, pour moi, pas grand-chose ironise Guillaume, mais pour mon magnétoscope, sûrement beaucoup, depuis ce matin, je n'arrive plus à enregistrer, j'ai essayé de le programmer pour ce soir et je n'y arrive pas.*

– *Est-il sous garantie ?*

– *Oui, je l'ai acheté ici il y a trois mois.*

– *Avez-vous la facture et la garantie ?*

– *Oui bien sûr, les voilà. Guillaume donne les papiers à l'employé qui les examine, vérifie minutieusement les numéros sur l'appareil.*

– *Bien, vous patientez un instant s'il vous plaît. L'employé file dans l'entrepôt le papier à la main. Très rapidement après il revient, il est souriant :*

– *Vous avez de la chance il en reste encore quelques uns.*

– *Voilà le même appareil. Je garde le vôtre, nous allons le renvoyer à l'usine, il semble qu'il y ait eu quelques problèmes sur une petite série et l'usine nous a demandé de lui renvoyer tous ceux qu'on voyait revenir.*

– *C'est un échange alors, pas un prêt ? interroge Guillaume un peu étonné.*

– *Tout à fait, je reprends votre ancien magnétoscope qui n'enregistre pas bien et vous l'échange contre un tout neuf ! Intéressant non ? ajoute l'employé avant de conclure :*

– Vous pourrez voir le match de ce soir ou l'enregistrer !

Guillaume est un peu surpris, l'employé explique :

– Moi aussi j'adore le foot...

Exemple 2

Toujours à ce même service, une dame à l'air mécontent arrive avec un fer à repasser, un employé l'accueille :

- *Bonjour Madame, expliquez-moi ce qui vous amène.*
- *Le fer que vous m'avez vendu ne marche pas, il ne fait pas de vapeur, il brûle les tissus. C'est une vraie catastrophe !*
- *Nous allons voir ce que nous pouvons faire, avez-vous encore la facture et la garantie de votre appareil ?*
- *Il est trop vieux, il n'est plus sous garantie ! rétorque la dame.*
- *Oui, mais si vous l'avez acheté chez nous, on vous en prête un autre gratuitement, c'est pourquoi il nous faut la facture.*
- *Je ne l'ai pas perdue, mais je ne l'ai pas prise puisqu'il n'est plus sous garantie.*
- *C'est un modèle qui se fait toujours depuis des années maintenant, bon, que décidez-vous ? Vous nous laissez l'appareil aujourd'hui ou vous revenez plus tard avec la facture pour qu'on vous en prête un ?*
- *Est-ce que je peux vous le laisser aujourd'hui et revenir avec la facture pour que vous m'en prêtiez un autre demain ?*
- *Si vous voulez, de toutes façons, avant cela, vous devez remplir une fiche et expliquer de votre mieux ce qui ne marche pas, voilà la fiche.*

La dame remplit la fiche, la donne à l'employé qui la fixe sur l'appareil. Il reprend :

– *Soyez tranquille, on va le réparer, il va revenir comme neuf.*

– *Et le délai ? interroge la dame l'air ennuyé.*

– *Environ dix jours, mais, je vous prête un autre fer quand vous voulez, on a dit que vous passiez demain, c'est bien cela ?*

– *D'accord, à demain conclut la dame.*

Exemple 3

Dans cet exemple, le service après-vente n'est pas accessible aux clients, c'est une employée du magasin qui reçoit les appareils défectueux et les transmet ensuite à un atelier de réparation.

Une dame se présente avec un encombrant robot de cuisine qu'elle parvient difficilement à porter. Elle arrive enfin près de la caisse où elle tente de déposer l'objet, mais c'est lourd et elle n'y arrive pas, elle renonce et pose l'objet par terre ; la caissière la regarde froidement et lui dit :

– *C'est pour quoi ?*

– *Je vous rapporte le robot de cuisine que vous m'avez vendu, il est quasiment neuf et il ne marche pas !*

– *Est-ce que vous l'avez branché avant de vous en servir ?*

– *Vous plaisantez j'espère, rétorque la dame vexée. Ce n'est pas normal qu'un appareil tout neuf ne fonctionne pas, surtout à ce prix-là !*

– *Bon, soupire la caissière, l'air excédé, il me faut la facture, la garantie et vous allez faire une fiche pour expliquer ce qui ne va pas.*

– *Voilà, répond la dame.*

– *Faites-voir l'appareil que je vérifie les numéros, ordonne la caissière.*

– *Je n'arrive pas à la soulever jusqu'à la caisse, si vous voulez voir les numéros, vous n'avez qu'à venir les regarder !*

– *Il ne manque plus que ça ! grommelle la caissière qui descend de sa chaise, elle vérifie les numéros et s'adresse à la cliente.*

– *Bon, vous avez la fiche ?*

– *Voilà.*

La caissière lit la fiche, hausse les épaules, la fixe sur l'appareil avec un élastique, saisit le tout et le place sans ménagement sur une palette.

– *Ce sera prêt quand, interroge la cliente ?*

– *Je ne peux pas vous dire, vous n'avez qu'à passer voir.*

– *Vous pourriez peut-être donner un délai ?*

– *Pas avant cinq à six semaines en tout cas... Lâche la caissière impatientée.*

– *Puisque vous avez mes coordonnées, insiste la cliente, vous pourriez peut-être me téléphoner quand c'est prêt ?*

– *Si vous croyez qu'on a le temps ! Je viens de vous le dire ! Vous passez de temps en temps, vous verrez bien quand il sera revenu !*

QUIZZ

Questions au lecteur :

I – Dans l'exemple 1, qu'avez-vous apprécié ? donnez au moins trois points

    1 –..........................

    2 –..........................

    3 –..........................

II – Dans l'exemple 1, qu'est-ce que vous a déplu ? donnez au moins trois points

    1 –..........................

    2 –..........................

    3 –..........................

III – Dans l'exemple 2, qu'avez-vous apprécié ? donnez au moins trois points

    1 –..........................

    2 –..........................

    3 –..........................

IV – Dans l'exemple 2, qu'est-ce que vous a déplu ? donnez au moins trois points

    1 –..........................

    2 –..........................

    3 –..........................

V –   Dans l'exemple 3, qu'avez-vous apprécié ?
       donnez au moins trois points

       1 –...................
       2 –...................
       3 –...................

VI –   Dans l'exemple 3, qu'est-ce que vous a déplu ?
       donnez au moins trois points

       1 –...................
       2 –...................
       3 –...................

VII – À quel service après-vente préféreriez-vous
       vous adresser en cas de besoin ? Pourquoi ?

       Votre choix : exemples 1 et 2 ; ou exemple 3
       Votre commentaire...
       ....

VIII – Si vous aviez un conseil à donner à l'employé
       cité aux exemples 1 et 2 quel serait-il ?

       Votre conseil...
       ....

IX –   Si vous aviez un conseil à donner à l'employée
       cité à l'exemple 3 quel serait-il ?

       Votre conseil...
       ....

X – En tant que client, comment souhaitez-vous être accueilli au service après-vente ? Classez les réponses et ajoutez éventuellement vos propres remarques.

1 – L'employé doit être aimable et souriant
2 – Je ne veux pas faire la queue
3 – Je veux qu'on prenne le temps de m'écouter
4 – Je préfère avoir affaire à un employé compétent
5 – Je ne veux pas qu'on me dise que c'est de ma faute si cela ne marche pas
6 – Je veux être informé clairement des coûts et des délais

Autres réponses..
....

Nos commentaires suivant la grille d'analyse

• *Définir le service après-vente, ses fonctions et ses buts*

Un service après vente prend en charge les appareils et matériels qu'il est nécessaire d'entretenir ou de réparer au cours de leur usage. Certains distributeurs possèdent leur propre service après-vente, et fondent même une part de leur publicité sur la qualité de ce dernier ; d'autres font appel à un atelier d'entretien et de réparation indépendant de leur entreprise, pour assurer le service après-vente.

Dans notre cadre de vie, nous utilisons quotidiennement des appareils de plus en plus compliqués : mécanique et électronique se combinent, et les appareils offrent plus de confort à l'utilisateur. Mais, Il s'agit le plus souvent d'appareils fragiles, peu durables car, pour obtenir des prix bas, on choisit des matériaux et des composants bon marché et peu fiables qui ne résistent pas longtemps à un usage répété. Or, à l'exception de quelques bricoleurs avertis, nous ne savons pas réparer nos merveilleux ustensiles ! Peut-être avec un peu de réflexion saurions-nous identifier correctement la panne, mais encore faudrait-il pouvoir se procurer les pièces adaptées !

• *À quoi sert un service après-vente ? Que produit-il ?*

Les services après-vente sont donc là pour assumer les travaux de réparation rendus nécessaires par l'usage de nos appareils.

À l'évidence, un service après-vente recueille aussi souvent le mécontentement des clients, leurs récriminations, leurs doutes à propos de leurs achats.

En outre, comme ce sont souvent des professionnels qui accueillent les clients, ils ont tendance à expliquer le problème avec des mots techniques dont le sens échappe à la plupart des gens.

La fonction de tels services consiste donc à remettre en état les appareils qu'on leur confie, et si possible dans un délai acceptable. Lorsque la réparation n'est pas possible, ou trop onéreuse ils doivent également informer le client et le conseiller sur ce qu'il doit faire.

On peut également attendre de ce service qu'il informe le client sur le bon usage de ses appareils, ce qu'il doit faire ou ne pas faire afin d'éviter la panne ou la casse. Beaucoup de gens ne lisent pas les modes d'emploi, car ils trouvent cela fatigant, ou qu'ils souffrent d'un certain degré d'illetrisme, ou que le mode d'emploi est rédigé en trop petits caractères. Un certain nombre de fabricants, conscients de ce fait, indiquent le mode d'emploi sous forme de pictogrammes. En fait, bon nombre de clients attendent des explications verbales d'une personne qu'il juge qualifiée pour cette tâche. On voit donc en observant les diverses missions d'un service après-vente qu'elles sont multiples et souvent dépassent le cadre purement technique.

Un service après-vente efficace produit de la fidélité ! En effet, la qualité de ce dernier constitue un argument fort pour le client. S'il est assuré que le matériel qu'il achète bénéficie d'une assistance sérieuse, cela l'incite à renouveler ses achats auprès du même distributeur.

- *Quels sont les intérêts en jeu dans le fonctionnement du service après-vente ? A qui profite cette activité ?*

À l'évidence, le distributeur qui possède son propre service après-vente en tire de nombreux avantages, d'une part cela l'informe de façon précise sur la qualité réelle de ses produits, l'incite à modifier éventuellement ses achats en cas de défectuosités répétées sur certains modèles. Un bon service après-vente participe à la fidélisation des clients, et même en attire de nouveaux. Certains clients en effet choisissent un distributeur plutôt qu'un autre s'ils sont sûrs d'être dépannés rapidement en cas de besoin.

Le client y trouve donc aussi un intérêt certain lorsque ce service fonctionne de façon satisfaisante, tant en termes de prix, que de respect des délais et de fiabilité technique.

- *Comment le visiteur, le client, l'usager, perçoit-il le service après-vente ? Quelle est son image auprès du public ?*

On peut dire qu'en général, les clients n'aiment pas beaucoup devoir se rendre au service après-vente, parfois ils doivent porter eux-mêmes un appareil encombrant, patienter longtemps dans une file d'attente certains jours, avoir affaire à des gens qui systématiquement vont mettre en doute leurs capacités à utiliser correctement l'appareil. L'image du service après-vente n'est pas toujours valorisée, loin s'en faut, d'une part, les prix pratiqués semblent toujours élevés, d'autre part les délais ne sont pas toujours respectés, enfin, les réparations effectuées ne donnent pas toujours satisfaction. Tout le monde reconnaît qu'il est indispensable d'avoir un service après-vente auquel s'adresser en cas de panne, et reconnaît dans le même temps qu'il est nécessaire d'en connaître un bon pour éviter les pièges et les désagréments.

Ceci aboutit à renforcer souvent la méfiance du client qui se présente avec son appareil en panne, il ignore souvent comment sa demande sera traitée et combien cela va lui coûter. Ce manque d'information ajoute bien sûr à ses doutes.

D'un autre côté, chacun reconnaît le talent de certains techniciens qui identifient rapidement le problème et trouvent une solution ingénieuse, fiable et économique ! Chacun reconnaît de même que ce sont là des perles rares et que tous les service après-vente n'ont pas la chance d'en avoir à l'atelier...

• *Quels sont les besoins générés par le service après-vente en termes d'accueil ?*

Cette rapide description des grands traits permet de révéler les besoins spécifiques que produit un service après-vente en termes d'accueil.

Nous avons vu que le client arrive souvent mécontent, voire inquiet ou même agressif face à la panne ou à la casse de ses appareils. Il est donc indispensable de l'accueillir avec **beaucoup de calme** afin de dédramatiser le problème. Ensuite, il s'agit surtout de **se concentrer sur les faits** afin de ne pas donner libre cours à des bavardages stériles qui ne feraient que rendre les choses plus difficiles. Si un client en effet commence à parler de tous les ennuis qu'il a connus avec des appareils électroménagers, cela risque fort de contaminer les autres clients et d'instaurer un climat ingérable.

La personne qui assure l'accueil doit **rester neutre**, c'est-à-dire ne pas juger, ne pas faire de commentaires qui pourraient rejeter la responsabilité de la panne sur le client. On obtient plus d'information lorsqu'on demande au client de décrire ce qui se passe sans lui donner l'impression de le juger, dans le cas contraire, il passe sous silence des détails parce qu'il craint des reproches.

Cela ne doit pas empêcher d'être courtois et efficace. Une amabilité un peu trop voyante ne serait pas adaptée à ce contexte, lorsque les gens sont très mécontents, ils ont l'impression qu'une personne trop aimable se moque d'eux et cela produit un effet contraire à ce qu'on souhaite, c'est à dire pouvoir dialoguer dans le calme et ne pas perdre de temps.

Nous retenons comme principaux critères de qualité pour l'accueil d'un service après-vente : **la courtoisie, le calme, la neutralité, l'efficacité.**

• Accueil et accessibilité du site, de l'information

Lorsque le service après-vente est situé dans le magasin, il est très facile d'accès, souvent même il se trouve clairement signalé par un panneau ou un fléchage ou les deux, c'est le cas aux **exemples 1 et 2,** où le site s'organise de façon à faciliter les choses aux clients comme au personnel.

À l'**exemple 3** en revanche, le client n'a pas directement affaire avec le service après-vente, seulement avec la personne chargée d'accueillir les demandes pour ce service.
D'une façon très générale, les services après-vente sont rarement aussi faciles d'accès que les magasins de distribution. Parfois, on les trouve tout au fond du magasin, ou bien encore il faut traverser des entrepôts avant d'y arriver, ou encore sortir du magasin, faire un grand détour et entrer par une porte située à l'opposée, ou l'entrée réservée aux livraisons.

L'accessibilité au site n'est donc pas toujours aisée, de même que l'accès aux informations concernant les tarifs et les délais du service.

• *Le temps passé au bureau d'accueil est-il justifié ?*
Par la qualité du service, celle de la relation... ?

À l'**exemple 1**, le client n'attend pas, le service est bien organisé, ou bien ce n'est pas une heure de pointe, on peut affirmer que le temps passé au cours de la phase d'accueil est pleinement justifié. L'employé accueille son client de manière tout à fait eficace, il se montre courtois, compréhensif, peu bavard et surtout très efficace.

À l'**exemple 2** nous observons le même déroulement, avec une difficulté supplémentaire créée par la mauvaise humeur de la dame. L'accueil est courtois, l'employé donne toutes les informations nécessaires, laisse la personne faire son choix.

À l'**exemple 3** il n'y a pas non plus d'attente, mais le climat est très différent, comme nous le verrons plus loin.

• *Le visiteur pouvait-il se passer de cette phase d'accueil ?*

Un service après-vente peut très bien fonctionner sans accueil à condition de travailler par correspondance ! Dans les trois exemples cité, la phase d'accueil demeure incontournable.

• *L'accueil répond-il aux besoins produits par cette*
situation particulière ? Site, résultats, et relation
d'accueil sont-ils adaptés aux attentes du public ?

Cela posé, il reste quelques observations à effectuer car cet accueil ne se déroule pas de la même façon à chaque exemple.

À l'**exemple 1**, l'employé du service après-vente assume parfaitement la phase d'accueil, il semble tout à fait à l'aise, se montre très courtois avec son client, il s'applique ensuite de son mieux à résoudre le problème. On retrouve bien les critères retenus pour la qualité d'un service après-vente : **courtoisie, calme, neutralité, efficacité.**

En effet, à aucun moment nous ne pouvons voir l'employé émettre le moindre jugement à propos d'une mauvaise manipulation de l'appareil.

À l'**exemple 2**, nous allons également retrouver les mêmes qualités d'accueil, mais, comme la cliente se montre irritable et très mécontente, la tâche est plus compliquée pour l'employé du service après-vente. Le mécontentement de la cliente se trouve ainsi mis de côté par deux moyens très efficaces, le premier consiste à émettre une proposition intéressante pour la cliente, ainsi, elle ne peut plus continuer à montrer son mécontentement, l'employé lui propose de lui prêter un autre appareil gratuitement, la seule condition étant de fournir la facture pour apporter la preuve qu'il a bien été acheté dans le magasin. Le second moyen extrêmement puissant lui aussi consiste en l'écriture du problème. Beaucoup de services après-vente l'ont compris et font systématiquement rédiger une fiche par le client qui doit expliquer exactement ce qui ne marche pas. Ce moyen crée une diversion sans pour autant négliger le problème. La personne peut ainsi s'assurer que sa demande est bien prise en charge, et va aboutir.

À l'**exemple 3** nous pouvons observer une attitude tout à fait maladroite de la part de la personne qui accueille la cliente. Cette dernière peine à rapporter l'appareil qui semble lourd et encombrant, à aucun moment la caissière qui prend en charge les dépôts pour le service après vente ne montre la moindre intention de venir en aide à la cliente. Celle-ci n'arrive pas à poser son appareil sur le comptoir et finit par le laisser par terre devant elle. Lorsqu'elle exprime son problème, la première réaction de son interlocutrice est de mettre en cause le bien-fondé de la plainte, elle va jusqu'à suggérer que la cliente n'a pas branché l'appareil et que cela explique la panne ! Cette supposition est très mal vécue par la cliente qui se sent tournée en ridicule. Les choses ne s'arrangent pas ensuite puisque la caissière proteste de devoir se déplacer pour noter le numéro de l'appareil, annonce un délai très important pour la réparation et achève son œuvre en refusant de prévenir la cliente lorsque son appareil sera revenu de l'atelier ! Non seulement cette personne ne joue pas son rôle d'accueil, mais tout se passe comme si elle faisait systématiquement preuve de mauvaise volonté, voire d'impolitesse. C'est exactement l'exemple à ne pas suivre.

• *Points forts, points faibles : qualité, adaptation*

À travers cette observation les points forts et les points faibles apparaissent clairement. Nous retenons pour l'essentiel les deux premiers exemples pour les points forts.

À l'**exemple 1**, le premier point fort s'observe au niveau de l'organisation du site, puis de l'attitude positive de l'employé qui réunit tous les critères pour accueillir le client au mieux.

À l'**exemple 2**, nous retrouvons bien sûr la même organisation du site, le comportement de l'employé mérite également d'être retenu comme un point fort puisqu'il ne se contente pas d'accueillir la cliente, mais parvient à éliminer son mécontentement.

L'**exemple 3** quant à lui réunit les points faibles qu'on se doit d'éviter sous peine de faire fuir les clients !

Les règles d'Or pour l'application

Ainsi, pour l'application, nous retiendrons essentiellement qu'une **bonne accessibilité du site est souhaitable**, nous préconisons également la **mise en évidence des tarifs**, **l'engagement de délai** quand c'est possible et les autres informations nécessaires au client, telles que les **conditions de prêt d'un matériel de remplacement**. Si l'on se rappelle que le client arrive souvent mécontent, il est important de le rassurer, et de lui redonner confiance.

Ensuite, nous retiendrons les **attitudes efficaces des personnes chargées de l'accueil**. Une des qualités dominantes doit être le calme, la patience et surtout la tolérance, il ne leur appartient pas de juger à qui revient la responsabilité du dysfonctionnement et encore moins d'émettre des suppositions infondées quant à l'origine de la panne, surtout si celles-ci mettent en cause l'utilisateur.

Cette attitude demande une bonne préparation et une bonne capacité de réflexion, en effet quand une personne interpelle l'employé d'un ton accusateur à propos de la panne, il est tenté de répondre sur le même registre, c'est à dire d'accuser son interlocuteur d'avoir provoqué la panne. À l'évidence cela ne peut qu'entraîner des désagréments pour chacun.

10 - L'accueil dans une permanence téléphonique

Pour ce contexte, nous ne pouvons utiliser la même grille d'analyse que pour les autres, c'est pourquoi nous nous limiterons à quelques observations et quelques conseils. La situation téléphonique diffère sensiblement de la conversation normale entre interlocuteurs. Généralement, au téléphone, on observe un raccourci par rapport à ce que pourrait être le même entretien de visu. Comme d'autres secteurs, le style des conversations téléphoniques professionnelles a changé au cours des dernières années. On va vers un raccourci important qui supprime même les formules de politesse, en voici un exemple :

Exemple 1

– *Société Laplume à votre service !*
– *Ici Monsieur Coquelet, passez-moi Mademoiselle Poulette !*
– *Conservez un instant je vous prie.*

Auparavant nous pouvions entendre :

Exemple 2

– *Société Laplume, Bonjour, Monique à votre écoute, que puis-je faire pour vous ?*
– *Bonjour Mademoiselle, ici Monsieur Coquelet, j'aimerais m'entretenir avec Mademoiselle Poulette, pouvez-vous me la passer s'il vous plaît.*

– Restez en ligne Monsieur Coquelet, je vous mets de suite en communication avec Mademoiselle Poulette !

Le premier exemple va droit à l'essentiel, il n'y a aucune relation, seulement de l'information transmise. Dans le second exemple, il y a une phrase d'accueil qui prend la forme d'une présentation réciproque suivie d'une question à propos de ce vient chercher l'appelant.

On pourrait dire que le premier exemple rappelle le style américain, le second s'inscrit davantage dans la tradition des latins d'Europe (France Italie Espagne). Sachant cela, il ne reste qu'à choisir le ton qu'on souhaite donner à l'accueil téléphonique.

D'autres tendances apparaissent, d'autres styles se dessinent également à travers l'utilisation très répandue des voix de synthèse.

• *Voix naturelle ou voix de synthèse ?*

D'une manière très générale, lorsque nous appelons un professionnel ou une administration, nous faisons souvent l'expérience d'un accueil téléphonique qui se caractérise notamment par la prise en charge identique de tous les appels, l'utilisation répétée des mises en attente. Dans de multiples contextes d'ailleurs, l'accueil effectué par la standardiste est actuellement confié à un programme automatique utilisant une voix de synthèse et qui sert à diriger l'appel vers son but.

La voix de synthèse accompagne le plus souvent des choix, vous entendez par exemple : « pour avoir des renseignements sur nos services, tapez 1, pour joindre un conseiller tapez 2 », etc... Il s'agit bien entendu d'un discours programmé.

L'interlocuteur humain, quant à lui n'est ni aussi logique, ni aussi imperturbable ! Du moins quand il parle naturellement ce qui n'est pas toujours le cas. Mais, à l'évidence, ce que nous susurre la voix de synthèse a été auparavant choisi par des personnes, donc, il demeure possible d'en juger le style et le degré d'adaptation vis à vis de la demande spécifique.

Par exemple, la voix de synthèse qui sert de guide à travers différents services se révèle bien pratique, permet de gagner du temps, à la fois pour l'appelant et pour le standard dont les lignes sont alors occupées de manière optimale excluant tout bavardage susceptible de créer des « embouteillages » !

Il n'empêche que cette méthode doit être parfaitement maîtrisée, en effet, il arrive parfois que le discours débité par la voix artificielle soit si long que l'appelant renonce, ou soit obligé de renouveler son appel ayant raté le choix qu'il devait faire !

• *Discours naturel ou livret de conversation ?*

Lorsque les appels parviennent enfin à un destinataire humain, celui-ci possède parfois des guides conversationnels qui lui permettent d'aller vite, d'obtenir beaucoup d'informations, et de passer rapidement à un autre appel. Les services de vente par téléphone, notamment fonctionnent de cette manière, il est généralement impossible d'obtenir une information qui ne figure pas au programme prévu et bien appris. En tant qu'observateur, il est facile de savoir si l'on a affaire ou non à un guide argumentaire, de ce type. Lorsque c'est le cas, la personne a un débit de parole beaucoup trop rapide, des phrases très longues, très détaillées qu'elle n'utiliserait jamais ainsi si elle s'exprimait spontanément. De nombreux détails échappent en général à la compréhension de celui qui écoute car tout va trop vite, le débit d'une part, la densité des informations de l'autre. Quelqu'un qui s'exprime spontanément se montre plus naturel, n'hésite pas à répéter ou à vérifier que son interlocuteur le comprend ou reste à l'écoute. Ses phrases ne contiennent pas trop d'informations, il n'hésite pas à répéter s'il se rend compte que son interlocuteur n'a pas compris.

• *La mise en attente*

On y a recours de plus en plus systématiquement, comme si l'on avait peur du blanc sonore ou de gaspiller un temps fut-il très bref. A la place de ce gaspillage on va diffuser un message à l'intention de l'interlocuteur, de la publicité sur le correspondant appelé, de la musique (toujours la même de préférence !), la radio, ou bien le plus souvent un message enregistré qui lui demande de patienter pendant qu'on « recherche son correspondant ». Ainsi, la personne qui appelle ne sera-t-elle jamais livrée au silence et le temps d'attente lui paraîtra moins long, c'est du moins le principe directeur de cette stratégie de mise en attente.

Le problème majeur de la mise en attente, c'est qu'on ne tient pas compte de la disponibilité de l'appelant. Aujourd'hui certains dispositifs permettent d'effectuer plusieurs appels simultanément, toutefois, les particuliers n'utilisent pas en général ce type d'installation. Il reste que, le correspondant va se trouver mis en attente alors que parfois il aurait été plus simple et plus rapide de proposer une autre solution. Renouveler l'appel, mettre en ligne avec une autre personne capable de prendre en charge la demande, relever les coordonnées de l'appelant pour un rappel ultérieur, etc.

La mise en attente systématique peut s'avérer très irritante lorsqu'elle se prolonge jusqu'à un certain seuil d'impatience, le message a été répété et répété, l'affreuse petite musique repart du début pour la énième fois, l'appelant est coincé car il ne peut pas revenir au standard sauf à raccrocher et à recommencer !

Pour notre part, nous préconisons de l'utiliser avec discernement, de l'éviter si on peut mettre les correspondants très rapidement en contact, de changer de message de façon à ne pas donner l'impression qu'on se complaît dans les routines... bref, d'utiliser ce moyen technique avec lucidité.

• *Quel accueil pour quelle situation ?*

A travers l'observation des contextes précédents, nous avons pu dégager des styles, des formes, des critères pour l'accueil. Il en va de même pour le téléphone. C'est la nature spécifique du contexte qui doit guider le choix de l'accueil téléphonique, le style qu'on souhaite lui donner, les informations qu'il doit obligatoirement transmettre.

Il peut y avoir des contraintes culturelles dont il est bon de tenir compte, ainsi faut-il réfléchir avant de dépouiller l'accueil téléphonique de toute formule de politesse, l'impact sur l'appelant se trouve toujours modelé par le message qu'on lui transmet et par la forme qu'emprunte ce dernier.

Nous préconisons d'utiliser le téléphone de manière harmonieuse avec l'ambiance du contexte. Si l'accueil en direct se déroule dans un climat convivial et sympathique, cela doit aussi s'entendre au téléphone. Toutefois, il faut rester vigilant car un discours trop bien préparé, une amabilité quelque peu familière, une personnalisation trop hâtive des propos risquent de produire l'effet inverse à celui recherché. Au lieu de mettre le client en confiance, on suscite sa méfiance et l'on va ainsi à l'encontre des objectifs. Cela n'arrive pas, bien entendu lorsqu'on reste conscient que l'accueil s'inscrit davantage dans une perspective relationnelle et non technique.

Un diagnostic approfondi des situations d'accueil

Contexte	Besoins Spécifiques	Catégorie	Style
Une administration	Information claire service rapide	Guichet Comptoir Bureau	Administratif
Un hôpital	Clarté, sécurité reconnaissance confiance	Guichet Comptoir Bureau	Convivial
Un Office de tourisme	Image valorisée amabilité, sourire efficacité	Comptoir Bureau Salon	Convivial Commercial
Gares et aérogares	Information claire Amabilité, compétence, rapidité	Guichet Comptoir Bureau	Commercial Administratif
Une banque	Calme, sérieux, pondération écoute, attente, amabilité, compétence	Guichet Comptoir Bureau	Commercial Administratif
Une grande entreprise	Image valorisée, lisible, sourire, qualité d'écoute, sympathie	Guichet Comptoir Bureau	Convivial Commercial
Une boutique	Image valorisée, écoute attentive, sourire, sympathie, patience	Comptoir Salon	Convivial Commercial
Un service après-vente	Courtoisie, calme écoute attentive neutralité, efficacité	Comptoir Bureau	Commercial
L'accueil au téléphone	En harmonie avec le contexte Clarté de la présentation, amabilité, sympathie, écoute attentive, efficacité		Convivial Commercial

Deuxième partie

... Pour aboutir
à un accueil réussi

A présent, nous allons utiliser l'ensemble de nos observations et commentaires pour définir quelques points de repères permettant de réussir l'accueil quel que soit le contexte utilisé.

3

Choisir un style d'accueil adapté à la situation

1 – Les différents styles : administratif, commercial, convivial

À travers les différents exemples étudiés, nous avons pu identifier quelques points communs permettant de définir trois principaux styles d'accueil, dont nous allons présenter les traits les plus caractéristiques.

1-1 – Le style administratif

Il se reconnaît essentiellement à la **dépersonnalisation du contact** entre la personne chargée d'accueil et ses interlocuteurs. On parle de public, comme d'un ensemble collectif et non pas d'une collection d'individus ou de personnes. Ceci s'obtient en organisant l'accueil de façon à éviter un rapprochement entre les gens, on place l'agent chargé d'accueillir derrière un guichet ou un comptoir surmontés d'une vitre, parfois juchés sur une sorte d'estrade, mais toujours en décalage par rapport aux interlocuteurs. Rappelons qu'en situation normale, les personnes se placent naturellement à une distance confortable pour la conversation et, dans la mesure du possible maintiennent leur ligne de contact visuel à l'horizontale. L'accueil administratif ne tient pas compte de ces données. L'agent chargé d'accueil, la personne qui s'adresse à lui ne sont pas considérés comme des individus mais comme des représentants, le premier de l'administration, le second du public.

Le **formalisme** constitue le second trait caractéristique. Il découle assez logiquement du premier, en effet, le visiteur n'est pas traité en tant que personne mais en tant que « dossier », il se doit donc de fournir un certain nombre d'informations de préférence sous une forme écrite, apporter les papiers nécessaires, donner les informations pour remplir une fiche, etc...

Enfin, le **rapport au temps** finit de brosser le tableau du style administratif. D'une part la ponctualité est une exigence très solidement ancrée, bien qu'actuellement on assiste à la mise en place d'horaires souples dans certains services. Les guichets ferment à la seconde même où sonne l'heure de fermeture, sauf dans de petites structures où les derniers usagers voient quand même leur demande prise en compte. Dans la majorité des cas, les personnes dont la demande n'a pas été traitée le jour même sont priées de revenir le lendemain ! Le rapport au temps du public est envisagé à sens unique.

Quand on pratique à l'extrême le style administratif, on a tout le temps nécessaire pour effectuer sa tâche et **on dispose aussi à sa guise du temps des usagers.**

Dans cette perspective, on trouve logiquement **un rapport de force en défaveur du public.** Celui-ci se trouve en effet toujours en position de demandeur, c'est à lui que revient l'effort d'adaptation qu'exigent les démarches entreprises.

Même si les choses ont évolué vers une plus grande souplesse, ces grands traits continuent d'exister : ils servent de toile de fond à quelques nouveautés, amélioration du décor, facilitation des démarches, utilisation de moyens tels que minitel ou internet.

1-2 – Le style commercial

Quand on pratique un accueil de style commercial, on cherche d'abord à offrir une belle et bonne image de ce qu'on représente. **La belle image constitue la première préoccupation, elle se trouve organisée d'abord dans les aspects visuels destinés au client, l'aspect du site, et celui de la personne chargée de l'accueil.** Nous avons pu observer ce trait dans de nombreux exemples. La mise à l'image du personnel, port de l'uniforme, des couleurs, l'utilisation de décors soignés et identiques dans tous les sites d'une même chaîne, font également partie de cette préoccupation visuelle. Le but de ces soins apportés à la construction de l'image consiste bien entendu à séduire le visiteur, le client, le partenaire.

La **personnalisation de l'accueil** est également un trait qu'on trouve dans le style commercial. Poussé à l'extrême, au cours des processus de vente par téléphone, le vendeur n'hésite pas, dès qu'il connaît le numéro de la fiche à utiliser et réutiliser le nom du client comme s'il le connaissait de longue date ! Pour que cette personnalisation soit acceptable, il faut qu'elle s'associe avec le comportement adapté, c'est pourquoi, on observe le plus souvent un **accueil souriant et aimable**.

Lorsque ces trois traits sont présents : **image valorisée, personnalisation, amabilité et sourire**, on peut avoir la certitude qu'il s'agit bien d'un **style commercial**.

1-3 – Le style convivial

Il s'apparente au précédent par la **personnalisation** du rapport entre les interlocuteurs, il en diffère cependant parce que l'accent porte plus sur la qualité relationnelle que sur une attitude stéréotypée qui remplace parfois l'amabilité et le sourire du style commercial. L'accueil convivial est souvent très simple, la **personne se montre sympathique et attentive**, cela n'exclut nullement le sourire et l'amabilité, mais les rend **plus authentiques**.

Quand on pratique le style convivial, on cherche aussi à mettre le visiteur à l'aise, on se **soucie de son confort**, en lui offrant un espace agréable par exemple pour attendre, en lui proposant une boisson chaude ou fraîche, etc..

Il s'ensuit logiquement qu'un tel accueil s'accompagne d'un formalisme réduit au minimum et d'une **recherche d'efficacité la plus développée possible**. Si on peut trouver rapidement une solution à un problème, elle se trouve mise en œuvre.

Dans le style convivial, les traits dominants s'organisent autour de la qualité relationnelle, on relève ainsi : **l'attitude sympathique et attentive, la prise en compte du confort du visiteur, et la recherche d'efficacité.**

Les aspects visuels comptent aussi, mais ne dominent pas autant que dans le style commercial.

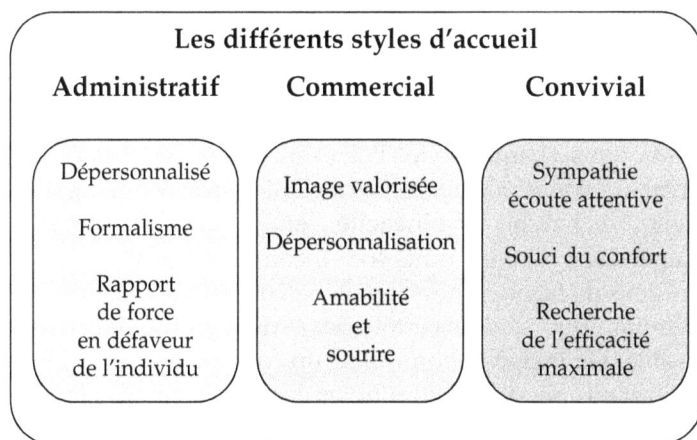

Les différents styles d'accueil

Administratif	Commercial	Convivial
Dépersonnalisé	Image valorisée	Sympathie écoute attentive
Formalisme	Dépersonnalisation	Souci du confort
Rapport de force en défaveur de l'individu	Amabilité et sourire	Recherche de l'efficacité maximale

2 - Quel style d'accueil choisir pour quels objectifs et quel public ?

Il apparaît clairement que pour réaliser un accueil de qualité, nous devons l'adapter au mieux par rapport à la situation. Chaque style possède ses propres qualités lorsqu'il est appliqué avec un souci d'équilibre et de réalisme. À l'évidence, si l'on doit accueillir une centaine de personnes en une heure, ou une vingtaine dans la journée, on ne pourra utiliser les mêmes moyens.

> C'est pourquoi il importe de bien définir la situation à gérer pour choisir au mieux l'accueil.

Par ailleurs, on peut aussi imaginer de prendre certains traits dans chaque style. Par exemple, il est possible de créer un concept d'accueil associant sourire et sympathie avec recherche d'efficacité et formalisme réduit. Cependant, certains traits sont incompatibles, si l'on traite les gens de façon impersonnelle, on ne peut pas se montrer sympathique, seul un certain degré d'amabilité s'avère utilisable. De même si l'on utilise un formalisme très réduit, il n'est pas possible de traiter les gens de façon trop impersonnelle !

En résumé, avant d'organiser l'accueil qui convient à telle ou telle situation, nous devons répondre à quelques questions précises :

– *À quel public cet accueil est-il destiné ?*

– *Dans quel contexte doit-il s'adapter ?*

– *Combien de personnes vont-elles passer par l'accueil, en une journée ?*

– *Combien de temps est-il possible de consacrer à l'accueil de chaque individu ?*

– *Y a-t-il des heures de pointe ?*

Ensuite, nous devons décider à quoi va servir ce poste d'accueil :

– **Informer brièvement (horaires, lieux)**

– **Diriger vers le service compétent**

– **Établir une fiche**

– **Effectuer d'autres formalités**

– **Vendre des tickets, billets de transport, places de spectacle, etc...**

– **Assurer l'accueil au téléphone.**

Ensuite, nous pourrons énoncer clairement les données de la situation, objectifs, moyens, temps imparti.

Cette manière de mettre en évidence les données permettra par la suite de mieux gérer la formation de files d'attente, d'éviter le stress du personnel et du public, gagner en efficacité et en qualité.

Le tableau ci-après résume les questions destinées à définir précisément la situation d'accueil.

Définir la situation d'accueil

La situation	Ses objectifs
– À quel public cet accueil est-il destiné ? – Dans quel contexte doit-il s'adapter ? – Combien de personnes vont-elles passer par l'accueil en une journée ? – Combien de temps est-il possible de consacrer à l'accueil de chaque individu ? – Y a-t-il des heures de pointe ?	– Informer brièvement (horaires, lieux) – Diriger vers le service compétent – Établir une fiche – Effectuer d'autres formalités – Vendre des tickets, billets de transport, places de spectacle, etc. – Assurer l'accueil au téléphone.

Chaque réponse aux questions citées ci-dessus joue un rôle dans le style d'accueil à établir.

Plus le public est nombreux dans un laps de temps réduit, moins on pourra personnaliser la relation, et plus on se dirigera vers un **style administratif**. Plus les tâches dévolues au poste d'accueil seront précises et plus il faudra prolonger le temps de passage, voire personnaliser la relation.

Le **style commercial** s'adapte bien aux situations de vente en boutique ou en magasin, mais également à l'accueil dans une entreprise, il permet de montrer une image valorisée, et d'établir des relations positives avec le visiteur ou le client. Nous préconisons également ce style dans les contextes liés au tourisme, car l'importance de l'image n'est plus à démontrer dans ce type de situation.

Le style convivial pourrait être retenu dans des contextes commerciaux ou non touchant au bien-être des personnes, établissements sportifs, instituts de beauté, salon de coiffure, mais aussi stations thermales, et dans certaines activités liées à la santé et la thérapie.

4

●

Organiser l'espace de l'accueil

Pour ce qui concerne le lieu d'accueil, de multiples possibilités sont offertes, cependant, il n'est pas toujours aisé de bien choisir. Nous allons évoquer à présent plusieurs options : guichet, comptoir, bureau, salon. Le cas particulier de l'accueil « promenade », et, pour commencer la dimension signalétique de l'accueil.

➡ 1 – La signalétique

Ce terme recouvre plusieurs sens, le premier concerne l'ensemble des signes caractérisant un objet, une personne ou tout autre chose, c'est ainsi qu'on trouve des fiches signalétiques à propos de différents sujets. Ici, le sens attribué au terme signalétique concerne les informations visuelles différentes des signes de l'écriture qui fournissent des informations, désignent des lieux, interdisent ou autorisent certaines actions, conseillent un itinéraire, etc.

Ces signaux se rencontrent partout : le long des routes, ils donnent des indications aux usagers, l'ensemble de la signalisation routière formalise les règles du code de la route. Dans les lieux publics, ils indiquent les accès et les fonctions.

Ces signaux forment en fait une écriture fondée sur l'utilisation d'images symboliques ; on les appelle des pictogrammes.

Les exemples ci-dessus indiquent par exemple le téléphone, l'accès aux personnes à mobilité réduite, les toilettes.

Il est bien entendu toujours possible de personnaliser la signalétique pour la mettre en accord avec l'image et la culture du lieu. Le choix du support, celui des graphismes offrent une grande variété de possibilités, et, dès lors que le sens demeure lisible et compréhensible par tous, on peut laisser libre cours à son imagination.

 Par exemple ce pictogramme :

indique généralement un terrain de camping, un emplacement disponible pour camper. Si on le présente sur un panneau en bois, dessiné par pyrogravure, on lui donne une allure plus rustique, un style « nature » propre à tenter le touriste randonneur !

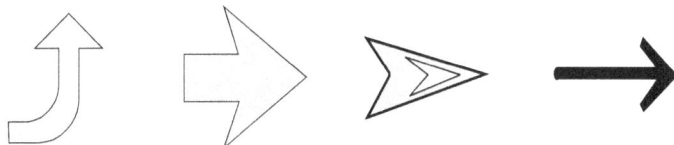

De même le fléchage, élément de base de la signalétique, peut avoir différents styles.

Les flèches ci-dessus indiquent la direction à prendre et leur présence est indispensable dans certains lieux. On y adjoint parfois un code couleur selon la destination choisie ; il arrive aussi que la flèche accompagne un autre pictogramme ou soit précisée par un mot.

téléphone   **téléphone**

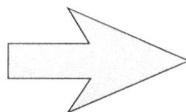
téléphone

L'utilisation du pictogramme en forme de main permet de communiquer différentes informations : l'interdiction d'aller plus avant, la direction à suivre et l'attention à porter dans le sens indiqué par le doigt pointé.

STOP   **À DROITE**   **EN HAUT À GAUCHE**

Le pictogramme communique aussi des informations négatives, l'interdiction de fumer, ou la dangerosité d'un lieu, d'un produit, d'un dispositif.

Le pictogramme indique aussi des objets précis pour informer l'usager ou le visiteur, de leur présence, de l'endroit où les trouver ou encore de la direction à suivre pour y accéder.

La signalétique constitue un puissant moyen d'information, car elle s'adresse à tous. Le pictogramme ne demande pas l'effort de lecture d'un mot, et contient en soi beaucoup plus d'informations qu'un texte.

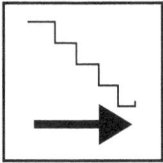

Il est en effet plus facile de comprendre l'image d'un escalier schématique avec une flèche indiquant la droite plutôt que de lire un message écrit tel que : « l'escalier est à droite », ou plus court « escalier à droite ». Le message écrit pourrait même créer une ambiguïté, car il ne précise pas à droite de quoi, ou à droite en montant, en descendant, en sortant, en entrant ! La flèche pour sa part n'indique qu'une seule direction.

On observe d'ailleurs que beaucoup de fabricants affichent sur les emballages de leurs produits, un mode d'emploi réalisé à l'aide de pictogrammes et leur traduction en lettres. Ceci pour permettre aux gens qui présentent un certain degré d'illetrisme, à ceux qui ont une mauvaise vue, ceux qui, par paresse ou pour aller plus vite ne lisent jamais les modes d'emploi, ainsi que ceux ne parlant pas la langue du pays où ils se trouvent, de comprendre malgré tout comment utiliser le produit. Cette disposition quasi générale actuellement se rencontre autant sur les paquets de lessive que sur les appareils ménagers, elle est également utilisée pour prévenir de l'utilisation dangereuse de certains outils.

La signalétique est l'indispensable allié du service d'accueil. En effet, elle permet aux visiteurs ou aux usagers de faire une première découverte du site et d'aller à l'essentiel. Bien utilisée, elle sert de guide au visiteur qui trouve à portée de son regard les informations les plus habituelles : emplacement des différents services, direction à suivre pour s'y rendre, moyens d'accès (escaliers mécaniques, trottoirs roulants, travolatores, ascenceurs), facilités d'accès pour les personnes à mobilité réduite, etc.

Or, il faut s'en rendre compte, une bonne partie des questions posées à l'accueil concerne l'emplacement de ce que cherche le visiteur ou l'usager et se résument à : « *s'il vous plaît, où se trouve l'escalier ?* ». Un panneau, bien placé, un pictogramme assez évocateur auraient pu répondre facilement à cette question et alléger la tâche du poste d'accueil.

La signalétique participe à créer une image positive du site. On a très rapidement évoqué le fait que le même pictogramme peut montrer différents styles. De cette façon, il vient s'intégrer à l'image du site dans lequel on le place et participe dans le meilleur des cas à valoriser celle-ci. Bien entendu, l'effet inverse peut aussi s'obtenir, il suffit d'opérer un décalage de mauvais goût entre supports, graphismes et cadre du site.

On trouve en effet de nombreux sites dans lesquels aucun effort de mise en accord de la signalétique n'a été entrepris, et l'on trouve donc des panneaux revêtus de pictogrammes d'une grande banalité. Il en découle une image impersonnelle, froide qui ne dispose pas d'un accueil agréable. En revanche, on observe aussi des sites, mêmes modestes dans lesquels apparaît un réel effort d'harmonisation de la signalétique. Il en résulte une impression plus agréable, car plus cohérente par l'image offerte au regard du public.

Il est facile d'accorder le style de la signalétique à celui de l'image du site et l'on trouve de nombreux professionnels capables de réaliser des panneaux et des pictogrammes qui s'intègrent parfaitement au décor.

Une signalétique mal utilisée ne sert à rien ! Si le poste d'accueil reçoit de nombreuses questions du type : « *s'il vous plaît, où est l'escalier ?* », c'est que la signalétique se trouve en défaut.

En général, les services publics, les administrations, les grandes entreprises ne manquent pas de moyens signalétiques, mais ils ne sont pas toujours bien utilisés. Pour optimiser les panneaux, il faut faire l'effort de se mettre à la place du visiteur et de noter où se porte son regard à différents instants de sa progression à travers le site. Les points où le regard s'arrête constituent de bons emplacements pour les panneaux. Cependant, mieux vaut pour cette tâche faire appel à un regard étranger au site, plutôt qu'à un habitué, car l'étranger s'orientera d'une manière spontanée, tandis que l'habitué ne retiendra pas certains détails trop connus.

Le choix des emplacements effectué, il convient de s'attacher à trouver les supports et les graphismes les mieux adaptés au site. Il s'agit de rester vigilant : s'il est trop bien intégré au décor, on ne voit plus le pictogramme ou la flèche et l'on n'en tire donc aucun avantage ! La taille des panneaux joue également un rôle, on doit pouvoir faire quelques essais avant de se décider : trop petits, les panneaux ne servent à rien, trop grands ils perturbent l'équilibre esthétique du site.

L'omniprésente signalétique ne saurait cependant remplacer le poste d'accueil ; le visiteur ou l'usager a besoin de se repérer dans le site qu'il traverse ou visite, les panneaux et les pictogrammes vont lui donner les informations de base, mais la dimension relationnelle demeure l'apanage et la raison d'être de l'accueil.

2 – Le guichet

Un guichet est une petite ouverture par laquelle le public communique avec l'employé d'une administration, c'est du moins la définition qu'en propose le dictionnaire. Il existe toujours dans les définitions du guichet, une notion d'exiguïté, l'ouverture est juste assez grande pour qu'on puisse y faire passer de petits objets, des papiers, de l'argent. On trouve aussi des guichets partout où l'on vend des tickets : cirque, spectacle, stade, etc. Mais aussi dans certaines banques, traditionnellement, le caissier était installé derrière un guichet, cette disposition est devenue rare aujourd'hui, où l'on préfère le comptoir.

Ce qui caractérise le guichet c'est surtout que la relation entre les individus situés de part et d'autre va se trouver restreinte à un simple échange d'information : il faut parler fort pour être entendu, il est difficile de voir parfaitement son interlocuteur, et ceci entraîne une limitation importante de l'échange. Les formules de politesse tendent à disparaître, les interlocuteurs vont à l'essentiel, et l'interaction est dépersonnalisée.

La situation au guichet ne semble pas plus confortable pour la personne chargée de l'accueil que pour le visiteur. Toutefois, cette organisation possède quelques avantages importants qui justifient son choix dans certains contextes.

Le guichet permet de protéger l'employé qui s'y trouve posté, en effet, il y a des situations où le public peut se montrer agressif, voire violent. Au guichet ont lieu des échanges d'argent, le guichetier tient une caisse qui peut exciter la convoitise. Parfois, le guichet se trouve complété par une vitre de protection qui isole parfaitement l'employé. On a vu apparaître depuis quelques années ce principe de protection pour les conducteurs d'autobus dans les grandes villes.

Le guichet permet d'effectuer un certain nombre de tâches rapides : vendre des tickets, recevoir des papiers, diriger le public vers le service compétent.

Ces quelques traits permettent d'identifier les contextes dans lesquels, il s'avère justifié d'utiliser un guichet, et aussi de reconnaître ceux dans lesquels il s'avère parfaitement inadapté. Parmi, les contextes étudiés auparavant, il est possible de chercher lesquels bénéficient d'un guichet, et lesquels bénéficieraient de ne pas en avoir !

3 – Le comptoir

Le comptoir était à l'origine une table haute et étroite sur laquelle le vendeur montrait ses marchandises, recevait l'argent et le comptait. Nous appelons aujourd'hui comptoir cette sorte de barrière plus ou moins haute qui sépare d'un côté le public, de l'autre un employé qui peut être chargé de vente ou d'accueil.

Dans les grands magasins, les caisses se trouvent généralement derrière un comptoir lequel peut avoir une forme délimitant un espace clos d'une petite porte. Il arrive aussi que ce type de comptoir soit posé sur une estrade.

Le comptoir diffère du guichet notamment par le fait que les interlocuteurs peuvent mieux se voir, et donc plus facilement entrer en relation. Un processus d'accueil est ici plus facile qu'au guichet. La hauteur du comptoir joue un rôle dans le processus d'accueil : plus il est haut placé, plus il masque l'employé aux yeux du visiteur ou du client. On observe quelque fois des comptoirs placés sur des estrades, l'employé, même assis, se trouve alors dans une position très haute par rapport à son interlocuteur.

La relation est rendue plus difficile lorsqu'on observe un certain degré d'inaccessibilité, là encore, tout dépend de l'objectif fixé pour l'accueil et du besoin de communication qu'on souhaite satisfaire. Lorsque le contact visuel s'établit entre les interlocuteurs, si l'un doit regarder vers le haut pour croiser le regard de l'autre, cela provoque un léger déséquilibre pour ce dernier qui se trouve alors placé en situation d'infériorité. Lorsque le contact visuel s'établit sur une ligne horizontale entre les deux personnes, l'équilibre est réalisé, il n'y a pas de domination de l'un ou de l'autre.

Le comptoir présente des avantages car il s'utilise à bon escient dans de nombreux contextes, cette polyvalence exige toutefois de s'inscrire dans un processus d'accueil rapide.

En effet, le visiteur ne s'installe pas à ce poste, il y effectue seulement un passage qu'il souhaite le plus bref possible en raison notamment du relatif inconfort d'une station prolongée sur le site.

Le comptoir permet un échange relationnel réel et donc un processus d'accueil tout à fait performant car, bien utilisé, il ne s'interpose pas comme un barrage entre les interlocuteurs : **la personne chargée de l'accueil reste accessible**. Le comptoir joue davantage un rôle d'identification que de séparation des territoires entre le visiteur et le site, on retient donc surtout ses aspects pratiques. On peut y poser différents objets, papiers, documents, dans le but de les présenter, de les mettre à portée du regard et des mains. Il faut en effet se souvenir qu'initialement, un comptoir est un meuble utilisé dans le commerce.

Il existe aussi des formules intermédiaires entre le comptoir et le guichet ! On prend un comptoir et on lui ajoute des parois vitrées, une petite ouverture permettant le passage de papiers ou d'argent, on complète le tout par une estrade, avec ces ingrédients, on obtient un poste de travail plus ou moins bien identifié, plus ou moins confortable pour l'employé comme pour le visiteur. Selon le degré d'accessibilité, on s'oriente davantage vers le comptoir ou vers le guichet, c'est toujours une question de choix pour l'organisation de l'accueil.

4 – le bureau

Le bureau implique un accueil tout à fait différent du comptoir ou du guichet. D'une part, l'organisation du site d'accueil peut être vraiment adaptée aux objectifs du contexte spécifique. On peut en effet imaginer et mettre en place le site d'accueil selon des critères propres au contexte : espace imparti, décoration, notamment. **L'accueil au bureau permet donc de mieux identifier le contexte**, on peut mettre l'accent sur la présentation de l'image valorisée qu'on souhaite transmettre au visiteur ou au client.

En outre, s'il est bien conçu, **le bureau offre la possibilité d'établir plus facilement une relation positive** : les interlocuteurs demeurent accessibles, le contact visuel peut s'effectuer, la distance conversationnelle optimale peut être mise en place. Dans un précédent travail[4], nous avons présenté et expliqué cette notion de distance conversationnelle, rappelons simplement qu'il s'agit de l'espace relationnel défini par les interlocuteurs. Lorsque les personnes

---

4. Voir *Comprendre la PNL* et *Mieux vendre avec la PNL*, Catherine Cudicio, Éditions d'Organisation.

peuvent se déplacer sans être gênées par un meuble inamovible ou un espace particulier, il s'établit très rapidement entre elles une distance stable à l'intérieur de laquelle, une relation prend place. Il s'agit d'un phénomène tout à fait naturel, d'ailleurs, on s'aperçoit qu'il suffit d'agrandir cette distance pour mettre un terme à la conversation, et c'est là une astuce intéressante pour se débarrasser poliment des bavards !

Si les interlocuteurs peuvent se placer à leur convenance de part et d'autre du bureau, cela facilite les choses au plan relationnel, la première impression est meilleure, ce qui joue un rôle primordial dans une perspective commerciale par exemple.

Il existe des bureaux d'accueil où le visiteur reste debout tandis que l'employé reste assis, ceci n'est valable que pour un très bref passage. Si le visiteur doit rester plus longtemps, il est indispensable de lui offrir la possibilité de s'asseoir.

L'accueil au bureau présente également d'autres avantages : il est possible d'y effectuer certaines **formalités** qui demandent un peu de temps : compléter une fiche, remplir un formulaire administratif. L'espace défini par le bureau permet de réaliser ce genre de tâches d'une façon plus confortable et plus pratique qu'au comptoir ou au guichet.

5 – Le salon

Nous appelons « salon » un bureau complété d'un espace permettant d'accueillir et de faciliter l'attente ou une autre demande des visiteurs. Il ne s'agit pas exactement d'une salle d'attente séparée mais davantage d'une organisation de l'accueil. Dans la catégorie « salon », nous comptons par exemple les accueils spécifiques pour les enfants, qu'on trouve dans certains contextes.

En d'autres termes, un accueil « salon » présente quelque chose en plus par rapport à la catégorie précédente, si nous devions attribuer des étoiles, cette dernière catégorie en recueillerait au moins trois pour l'organisation de l'espace. La qualité relationnelle, pour sa part, concourt dans une autre catégorie !

Le critère pour la catégorie « salon », c'est l'attitude qui consiste à **prévoir une demande à satisfaire et à mettre à la disposition du visiteur les moyens adéquats.** Par exemple, un accueil qui offre des facilités, telles que la mise à disposition de moyens de communication : téléphone, fax, internet, entre dans la catégorie « salon ».

Dans cette catégorie, comme la précédente, l'**identification du contexte, et la présentation d'une image valorisée** s'avèrent tout à fait possibles, d'ailleurs, c'est en général la meilleure raison pour organiser un accueil particulièrement soigné.

L'accueil « salon » présente donc tous les avantages du précédent, mais, il met davantage l'accent sur le confort du visiteur ou du client. Il offre encore de meilleures possibilités d'identification et de valorisation du contexte. Un accueil « salon » bien conçu permet également de **valoriser le temps éventuel d'une attente** en la rendant agréable ce qui n'est pas toujours facile, car attendre quelque chose a toujours des aspects désagréables ou dérangeants.

À ce propos, nous pouvons affirmer que tout un chacun possède un seuil pour l'attente tolérable, ce seuil varie selon la personne et le contexte : certains acceptent d'attendre une heure ou plus chez le dentiste mais pas plus de dix minutes chez le coiffeur ! C'est au-delà de ce seuil que les ennuis commencent surtout lorsque se forme une file ou que les gens prennent place dans une salle d'attente qui semble ne jamais désemplir. L'accueil « salon » va permettre de gérer une attente de courte ou moyenne durée. Par exemple, c'est un moyen intéressant dans un restaurant où il faut attendre une table aux heures d'affluence : offrir un rafraîchissement, permettre aux gens de s'asseoir, donne une bonne impression, la file d'attente aussi dans un sens, car cela prouve la valeur du lieu pour le public, encore faut-il qu'elle ne soit pas trop longue ou trop désagréable.

L'accueil « salon » présente toutefois un désavantage : il requiert de disposer d'un espace assez vaste ce qui n'est pas toujours le cas, alors que pour les autres catégories, quelques mètres carrés suffisent. A l'évidence, ce sont les objectifs et les tâches dévolues au poste d'accueil qui déterminent le choix de la catégorie.

• *Catégorie et style d'accueil*

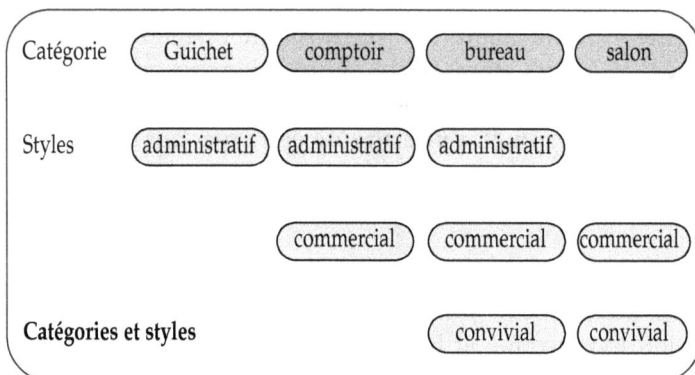

Catégorie	(Guichet)	(comptoir)	(bureau)	(salon)
Styles	(administratif)	(administratif)	(administratif)	
		(commercial)	(commercial)	(commercial)
Catégories et styles			(convivial)	(convivial)

Certains aménagements du site d'accueil requièrent l'utilisation d'un style particulier, ainsi, on ne pourra pas appliquer le style administratif dans un accueil « salon », par contre, il peut être employé dans les autres catégories : guichet, comptoir ou bureau.

Le style commercial pour sa part ne saurait s'utiliser avec un guichet, même si l'on vend quelque chose dans un tel dispositif, il s'agit de distribution et non de vente impliquant un processus d'information et de relation.

Le schéma ci-dessus montre les utilisations des styles pour chaque catégorie, on observe que le style convivial ne s'utilise que dans les catégories « bureau » et « salon ». Le style commercial s'utilise dans les trois catégories à l'exception du « guichet » comme nous l'avons souligné plus haut.

6 – Un cas particulier : l'accueil « promenade »

Pour terminer cette présentation, nous ne saurions manquer d'évoquer l'accueil « promenade ». De quoi s'agit-il précisément ?

A l'entrée d'un salon d'exposition sont postées plusieurs hôtesses qui accueillent le public. En général, les gens s'arrêtent, l'hôtesse leur offre un plan de l'exposition ou diverses documentations, quelquefois elle fait quelques pas avec eux tout en répondant à une question.

Dans ce contexte, l'accueil « promenade », valorise l'image de l'événement, il s'inscrit bien entendu dans le provisoire pendant la durée de la manifestation. Il s'agit d'un type d'accueil très fréquent dans un grand nombre de manifestations commerciales, festives, mais aussi de congrès, colloques, et divers rassemblements politiques ou idéologiques.

Ce qui caractérise ce type d'accueil, c'est qu'il s'effectue en dehors d'un site spécialement dévolu à cette fonction comme nous l'avons vu pour les cas précédents.

D'autre part, tout en étant très commercial, par ses caractéristiques d'image, d'amabilité, de proximité des interlocuteurs, il demeure pourtant très impersonnel, car de très courte durée.

Ce type d'accueil s'utilise surtout lorsqu'il y a une forte affluence, il ne peut donc être question d'organiser un quelconque stationnement de public ce qui pourrait avoir des effets très désagréables. Ce style d'accueil offre des avantages indéniables en termes d'image.

5

Identifier rapidement la demande de l'interlocuteur pour y répondre

À présent, nous allons examiner les attitudes à privilégier pour la qualité de l'accueil. Phase initiale de toute relation humaine, l'accueil nécessite une réelle compétence relationnelle. Même si le site d'accueil proprement dit présente quelquefois des inconvénients flagrants, l'habilité de la personne chargée de l'accueil peut inverser la tendance. Un comportement aimable, attentif, souriant sans excès rattrape une mauvaise impression liée au site, en revanche, un beau site d'accueil ne saurait compenser la froideur, ou l'indifférence.

Avant tout, il s'agit d'avoir une attitude adaptée à l'accueil. Les personnes craintives, repliées sur leurs soucis, méfiantes à l'égard de leur environnement ne peuvent prétendre assumer une telle mission. Le profil idéal requiert une attitude confiante, motivée et optimiste vis-à-vis du monde extérieur. A l'évidence, mieux vaudrait que les postes d'accueil ne soient occupés que par des personnes d'un caractère agréable ! Le vieil adage qui affirme « *Chassez le naturel, il revient au galop !* » s'applique ici de façon assez pertinente car, seule une attitude mentale spontanément positive permet aux personnes chargées de relation avec le public de trouver en elles les ressources nécessaires pour assumer leur mission d'acceuil. Quand on joue un rôle avec lequel on ne se sent pas totalement en accord[5], tôt ou tard apparaissent des décalages et mêmes des incohérences : on ne peut présenter une attitude aimable et sympathique pendant la journée entière si on n'aime pas réellement le contact avec les autres, quand on se force, cela se voit et l'interlocuteur le ressent. Un petit détail du comportement échappe au contrôle, une intonation, un geste de lassitude ou d'agacement, une expression du visage, etc... et le bel édifice perd sa crédibilité. Il est plus efficace et moins fatigant d'être sincèrement de bonne humeur et satisfait de travailler en contact avec les autres !

1 – S'informer pour mieux informer

Dès l'instant où le visiteur arrive sur le site, il commence un processus de découverte : l'accueil va lui permettre de le réaliser pleinement s'il est bien conduit.

---

5. *Comprendre la PNL*, Catherine Cudicio, aux Éditions d'Organisation.

La **première tâche de la personne chargée de l'accueil consiste en une prise de contact avec le client ou le visiteur**. Cela commence par le regard : il est nécessaire d'établir un contact visuel avant de parler. Quand on adresse la parole à quelqu'un sans le regarder cela induit, dans notre contexte culturel, un certain malaise.

Ensuite, il s'agit de reconnaître le visiteur, de lui faire comprendre qu'on le considère comme un interlocuteur à part entière. Pour cela, la meilleure méthode demeure encore le salut : « **Bonjour Monsieur !** », on préférera le « bonjour » suivi d'un mot identifiant la personne : monsieur, madame, mademoiselle. Le simple « bonjour » demeure très impersonnel et ne demande pas d'effort de reconnaissance de l'autre puisqu'il s'applique à toute personne, le « **bonjour » suivi d'un mot identifiant est beaucoup plus efficace** et permet d'entrer plus facilement dans un processus relationnel.

Dans certains cas, nous observons par exemple que dans certaines grandes surfaces, les caissières ont reçu pour instruction de dire « bonjour » aux clients, or, les trois quarts du temps, elles prononcent le mot sans regarder à qui cela s'adresse, non seulement, cela ne sert à rien, mais agit à l'encontre de l'effet désiré.

Lorsque les choses se passent correctement, dès l'établissement d'un contact visuel, il incombe à la personne de l'accueil de saluer en premier. Les règles de politesse pourraient demander l'inverse, mais, comme elles sont rarement connues et encore plus rarement appliquées, mieux vaut prendre les devants quand on est chargé de l'accueil, d'autant que cela fait partie intégrante des comportements à effectuer pour accomplir sa mission.

Dans les situations où l'on connaît la personne par son nom, il est possible d'en faire usage, mais, il s'agit de rester en accord avec le contexte. Par exemple, il est possible d'accueillir les gens par leur nom dans de petites villes et dans des contextes précis, ce serait toutefois très maladroit dans des contextes où l'on doit protéger l'anonymat du visiteur, ou, au minimum demeurer discret.

Après avoir salué le visiteur, il faut attendre la réponse, puis entrer dans le processus d'information et s'enquérir de ce qu'il vient chercher. Parfois, la phrase d'accueil n'est pas nécessaire parce que les choses sont très accessibles et très claires pour le visiteur, il se repère bien dans l'environnement, il va droit à son objectif et adresse directement sa demande au poste d'accueil.

Si on utilise une **phrase d'accueil**, elle se présente le plus souvent sous la forme d'une question qui permet de passer au recueil d'information. Par exemple :

– *Que puis-je faire pour vous ?*

– *Puis-je vous renseigner ?*

– *En quoi puis-je vous aider ?*

– *Que désirez-vous ?*

– *Puis-je vous aider ?*

Pour faire le bon choix, la personne chargée de l'accueil doit se sentir à l'aise avec la question, en premier il s'agit de retenir les phrases qui plaisent, ensuite de les utiliser de façon spontanée et naturelle.

Ces questions ont aussi pour but d'**identifier les tâches** de la personne chargée d'accueil et d'**informer le visiteur** qu'on peut lui venir en aide, le **renseigner**, le **guider**. La réponse à cette question doit fournir immédiatement les indications nécessaires pour répondre à la demande du visiteur.

2 – Au téléphone s'identifier

Au téléphone les choses sont un peu différentes en ce sens qu'on doit s'identifier quand on décroche, par exemple :

– *Hôtel des Trois Pigeons, bonjour ! Monique à votre écoute, que puis-je pour vous ?*

Certes, c'est un peu long, mais cela évite à l'appelant d'avoir à vérifier le numéro, de demander éventuellement qui lui parle, etc. A part le besoin de se présenter, les choses sont similaires au téléphone. L'important, c'est de trouver une question, une phrase d'accueil courte, précise, et qu'on puisse sans lassitude prononcer de nombreuses fois dans la même journée.

La lassitude, les habitudes, la routine guettent chacun, pour éviter ces problèmes, il peut être utile d'avoir quelques variantes aux questions habituelles, et de les adapter selon les contextes.

– *Qui demandez-vous ?*

– *Avez-vous un rendez-vous ?*

– *Qu'est-ce qui vous amène ?*

Bien entendu, le choix de la question a une certaine importance, mais, la manière dont elle est posée l'emporte encore certainement davantage. Il faut donner l'impression au visiteur qu'on s'intéresse réellement à lui, sinon, les meilleures questions n'auront que peu d'effet, voire un effet contraire à ce qu'on attend.

Quelle que soit la situation d'accueil, la difficulté consiste à savoir **se mettre à la portée de la demande sans pour autant sortir de son rôle**. Si le visiteur se sent pris de haut par exemple, il ne se montrera pas coopérant pour la suite de l'entretien. Or, quelquefois, la dispositition du site d'accueil place le visiteur en situation d'infériorité, il est d'autant plus difficile ensuite de se mettre à sa portée ! Le meilleur moyen de se mettre à la portée de l'interlocuteur est d'établir d'abord un contact visuel horizontal : aucun interlocuteur ne domine l'autre du regard. Ensuite, si l'on doit échanger quelques mots avec le visiteur, il faudra s'efforcer de ne pas heurter ses habitudes langagières. Lors d'entretiens plus longs, comme dans une relation commerciale par exemple, nous conseillons de calquer son mode d'expression (choix des mots, rythme de la parole, entre autres points) sur celui de l'interlocuteur, partant du fait que cela se réalise plus ou moins spontanément dans toute relation humaine[6]. Ici, dans la relation d'accueil, le temps ne permet pas de mettre en œuvre cette technique, c'est pourquoi, on ne peu qu'éviter de se mettre trop en décalage. La qualité de la présence dans la relation fait la différence dans un accueil véritablement relationnel. Plus l'on se montre sincèrement attentif et aimable, plus le contact est agréable et positif pour l'interlocuteur.

---

6. *Mieux vendre avec la PNL*, Catherine Cudicio, Éditions d'Organisation.

Si le visiteur se sent ignoré, en dépit du salut qu'on lui adresse ou des questions qu'on lui pose c'est que la personne chargée de l'accueil ne fait pas son travail correctement. Le plus souvent, un manque de motivation, un certain degré d'incurie, la proximité de l'heure de fermeture, un souci d'ordre personnel, la lassitude ou la routine expliquent ces comportements.

Si l'on considère les bénéfices qu'on peut tirer d'un accueil de qualité, les quelques efforts à accomplir paraissent faciles. En effet, mieux on s'informe et mieux on informe le visiteur.

Résumé des différentes étapes :

- **établir un contact visuel**
- **saluer le visiteur**
- **attendre sa réponse**
- **utiliser une phrase d'accueil et poser une question**
- **fournir rapidement la réponse.**

Enfin, le sens de l'observation peut apporter une aide très intéressante aux missions de l'accueil. Parfois, un détail en dit plus qu'un long discours, et ce serait dommage de se priver de ces informations. Porter attention au visiteur ou au client se perçoit généralement comme une marque d'intérêt, voire de sympathie ce qui peut être très important pour soutenir un climat relationnel de confiance. Un client habitué va apprécier qu'on remarque ou qu'on valorise un changement : coupe de cheveux, nouvelle voiture, date de la fête. En revanche, il peut être très maladroit d'évoquer d'autres détails, comme de faire remarquer qu'on a aperçu ce même client à un endroit pendant le week-end, ce serait un manque de respect pour sa vie privée, ou pire encore de donner son avis mal à propos.

Dans le doute, on s'abstiendra de remarques trop personnelles, et, d'une façon générale, on bannira de sa conversation tout ce qui pourrait provoquer une gêne chez l'interlocuteur.

En résumé, voici ce qu'il ne faut jamais faire :

- Aborder un client ou un visiteur en disant « c'est pour quoi ? », « vous désirez ? », ou en se contentant d'un signe (coup de tête vers l'arrière, menton relevé).

- Éviter le regard du visiteur ou du client, écouter ou parler sans le regarder.

- Manquer de discrétion, ce qu'on dit alors ne regarde que le visiteur et la personne chargée de l'accueil.

- Faire des commentaires personnels sur le problème du client.

6

Gérer
les situations
d'attente

1 – Comment apaiser le stress lié à l'attente, venir à bout de l'agressivité ou de la frustation d'un client

Il arrive parfois que le bureau d'accueil soit aussi la porte d'entrée d'une salle d'attente, ou même soit situé au milieu de celle-ci. Ce sont des situations assez courantes, quand il y a un espace restreint, l'inconfort est évident, surtout pour la personne qui assume l'accueil car elle ne peut pas jouer convenablement son rôle ne disposant pas d'un espace clairement identifié comme un site d'accueil. Si par exemple, elle effectue certaines formalités, remplir des fiches de renseignement, par exemple, les autres clients ou visiteurs n'ont pas à écouter la conversation en cours avec celui qui vient d'arriver et se présente à l'accueil.

Il arrive que des clients ou des visiteurs doivent attendre longtemps dans une salle d'attente, cela n'a rien de très agréable, dans certains cas, c'est même carrément stressant, notamment lorsqu'il s'agit de grandes salles d'attente, pleines à craquer où la promiscuité tend à rendre les gens nerveux et irritables.

Nous avons souligné plus haut qu'il existait pour chacun un **seuil d'attente**. Quand ce seuil est dépassé, les gens ont tendance à s'inquiéter, à récriminer, bref, à mal supporter cet inconfort. Personne ne bénéficie d'une attente qui se prolonge trop, dans une activité commerciale, c'est même souvent une motif de perte de clientèle, quand il y a trop d'attente, les clients vont ailleurs.

Parfois, il est nécessaire d'**intervenir pour apporter un peu de calme**, et c'est souvent la personne chargée de l'accueil qui doit le faire. Dans l'idéal, les **mesures préventives sont à privilégier**, une bonne organisation de l'espace, mais surtout une bonne **qualité relationnelle**, des informations claires et accessibles agissent en faveur d'une ambiance sereine, même en cas de stress ou d'inquiétude.

Lorsqu'une attente dure trop longtemps, **les gens se posent des questions**, et surtout celle de savoir pourquoi ils attendent ainsi, quand c'est possible, la meilleure intervention consiste à **informer** les gens plutôt que de les ignorer et de laisser se poser des questions auxquelles ils trouvent la plupart du temps des réponses catastrophiques. En fait, on s'inquiète essentiellement quand on ne sait pas ce qui se passe ou ce qui va arriver. Pour combler cette lacune la personne tend à imaginer, et le plus souvent, elle imagine le pire. Nous avons évoqué l'exemple dans la première partie où l'avion est en retard et l'hôtesse donne des informations peu précises formulées de façon très négative et qui ne font qu'aggraver la situation ! Un problème technique lorsqu'il n'est pas clairement identifié peut être compris aussi bien comme un incendie que comme un retard dans le chargement des plateaux repas !

Il arrive aussi que les personnes arrivent à croire, lorsque l'attente dure trop qu'ils ont été « oubliés » dans la salle d'attente, ou qu'il y a eu une erreur dans les rendez-vous ou qu'ils se sont trompés de jour ou même d'heure, etc. Faire attendre quelqu'un longtemps est toujours une marque de mépris. On fait attendre les gens qui ne comptent pas, dont on n'a pas besoin et ne méritent aucune attention, c'est du moins le genre de pensée qui vient à l'esprit quand le séjour en salle d'attente devient excessif !

Pour gérer ceci avec efficacité mieux vaut prévenir que guérir, ou intervenir de la façon suivante :

Il s'agit de bien comprendre que, si l'on garde son calme, il est possible de « contaminer » les autres par cette sérénité ! à condition toutefois de leur donner de bonnes raisons de se laisser convaincre.

– cas par cas, vérifier à nouveau jours et heures de rendez-vous, cela prend du temps et crée une diversion en détournant l'attention des gens qui attendent, cela permet de gagner un peu de temps.

– informer les gens du motif du retard et si possible de sa durée prévisible.

– proposer une autre heure de rendez-vous.

– offrir une boisson chaude ou fraîche.

Bien sûr, ce qu'il est possible de faire par exemple pour gérer le stress lié l'attente dans un cabinet médical, ou chez un autre professionnel, n'est pas applicable dans une salle d'attente de gare ! Il n'en demeure pas moins que le principe qui consiste à apporter une information valable reste applicable.

2 – Expliquer clairement

La clarté de l'explication est primordiale, grâce à elle, nous pouvons rassurer les gens ce qui produit un effet radical sur le stress lié à l'attente. Dès que les gens comprennent qu'ils ont une bonne raison d'attendre, qu'ils savent à peu près combien de temps cela va durer, ils parviennent à mieux assumer l'inconfort de la situation.

La personne chargée de l'accueil doit utiliser certaines **techniques de langage** pour donner **plus de valeur** à ses explications. Par exemple, il faut se servir impérativement des **formes affirmatives et positives** :

– *Monsieur Uccielo vient d'appeler, il vous prie de l'excuser de son retard dû mauvais temps, il sera là dans une heure...*

Dans cette phrase, les informations sont très nombreuses et toutes présentées sous une forme affirmative. Il faut éviter des formules telles que : « *Ne vous inquiétez pas* » ou encore « *Monsieur Uccielo na va pas tarder* », « *ce ne sera pas long* ». Quand on utilise des formules négatives telles que celles-ci, on produit l'effet inverse : les gens qui éprouvent de l'inquiétude ou qui commencent à s'énerver ne retiennent en effet dans la phrase que l'allusion à leur état, au pire, cela peut même augmenter leur sentiment négatif. Quand on dit à quelqu'un de ne pas s'inquiéter, il s'inquiète généralement encore plus, de même si on lui conseille de ne pas s'énerver. Des phrases telles que : « ne vous énervez pas », « ne soyez pas aggressif ! », « soyez sans crainte » produisent des effets catastrophiques ! A la place, il faut traduire :

– *gardez votre calme !*
– *soyez tranquille !*

Ces formules ne constituent pas une panacée, elles se contentent de ne pas aggraver les choses en cas de problème.

Il est également important de montrer qu'on se soucie des gens qui attendent en leur présentant des excuses pour le retard, des formules telles que les suivantes sont toujours utilisables.

– *Nous regrettons de vous faire attendre et vous prions de nous en excuser.*
– *Veuillez nous excuser de ce retard.*
– *Nous vous présentons nos excuses pour ce retard.*

Les gens doivent comprendre qu'on est concerné par la gêne causée par l'attente. Cette attitude permet de la rendre plus acceptable, et influence positivement les gens. En effet, **présenter des excuses valorise celui à qui on les adresse** car cela prouve qu'on tient compte de lui, puis, cela permet également d'avancer une **bonne raison** qui viendra à bout du problème. Rappelons nous, car c'est un oubli fréquent qu'on ne doit jamais dire « *je m'excuse* », en effet, le mot « excuser » est un synonyme de « pardonner » en plus faible ; on demande pardon et on présente des excuses, il appartient en effet à la personne qui a subi la gêne ou l'inconfort de bien vouloir pardonner ou accepter les excuses. Celles-ci seront d'autant mieux comprises qu'elles s'appuient sur une **bonne raison**.

Personne ne peut contester qu'il est soumis aux aléas des conditions météorologiques, des embouteillages, des grèves des transports en communs, des cas d'urgence. Ce type de bonne raison fonctionne toujours très bien : chacun a pu vivre ce type de situation et donc peut comprendre le retard causé.

Enfin, il est utile, quand on le peut de **donner un délai**. L'attente est plus supportable quand on sait combien de temps elle va durer. Ainsi, il est possible éventuellement d'occuper ce temps de manière positive.

Toutes ces techniques permettent donc de parler claire-ment et de donner des informations concrètes, elles seules, en effet, permettent de rassurer et donc de gérer le stress lié à une trop longue attente.

Nous préconisons de **susciter des questions et d'y répondre de la façon la plus explicite possible** dans le but d'explorer et de clarifier les zones d'inquiétude qui pourraient subsister. C'est également une façon de montrer aux gens qu'on s'intéresse vraiment à leur problème.

Enfin, quand c'est possible, on doit s'efforcer de **proposer une solution** de remplacement, une sorte de dédommagement pour l'inconfort subi, dans la perspective de préserver la clientèle. Là encore, mieux vaut parler clairement pour mettre en valeur la proposition qu'on avance et continuer d'appliquer au langage la **forme affirmative** et le **contenu positif**.

3 - Comprendre sans prendre parti

Comprendre sans prendre parti est une difficulté fréquente rencontrée par les personnes chargées d'accueil qui reçoivent des clients frustrés auxquels une désagréable mésaventure est arrivée. Imaginons par exemple une personne qui manque son rendez-vous, retardée par une grève surprise qui l'a obligée à prendre sa voiture. Cette personne se présente et on lui dit d'attendre, qu'on essaiera de la faire passer entre deux rendez-vous. Pour peu que cette proposition soit présentée de façon négative, cela risque d'entraîner un important mécontentement.

Comparons les exemples :

Exemple 1

– *Bonjour Monsieur...*

– *Bonjour... Hum, j'avais rendez-vous à dix heures avec Monsieur Vanneau, mais je suis en retard, le train était en grève, j'ai dû prendre la voiture.*

– *Oui, mais il est dix heures quarante, Monsieur Vanneau vous a attendu, puis, il a pris ses autres rendez-vous, vous n'étiez pas là, vous n'avez pas téléphoné...*

– *Je n'ai pas de portable !*

– *On va voir, si Monsieur Vanneau n'est pas trop occupé, il essaiera de vous prendre entre deux rendez-vous. Passez en salle d'attente !*

– *Cela va être long ?*

– *Je ne sais pas, cela ne dépend pas de moi !*

Exemple 2

– *Bonjour Monsieur...*

– *Bonjour... Hum, j'avais rendez-vous à dix heures avec Monsieur Vanneau, mais je suis en retard, le train était en grève, j'ai dû prendre la voiture.*

– *Oui, j'ai bien pensé que vous aviez eu un problème, beaucoup de nos clients sont en retard ce matin pour la même raison !*

– *Est-il possible de décaler mon rendez-vous ?*

– *Je vais poser la question à Monsieur Vanneau, il va sortir dans cinq minutes, il verra s'il peut vous prendre. Passez en salle d'attente, je viendrai vous prévenir.*

– *Merci.*

Dans le **second exemple**, la personne qui accueille ne promet pas grand-chose de plus que celle du **premier exemple**, excepté ce qu'elle peut faire elle-même, c'est à dire tenir le client informé. Dans le premier exemple, la personne de l'accueil ne tient aucun compte du problème du client, elle met l'accent sur le fait qu'il était en retard et n'a pas prévenu de son retard. Son attitude est d'autant plus culpabilisante et désagréable que le client n'est pas directement responsable de son retard. Dans le second exemple, la personne montre qu'elle comprend le problème en faisant un commentaire : d'autres clients ont eu du retard pour la même raison, cela montre au client qu'on n'ignore pas son expérience, toutefois on n'entre pas dans une discussion à propos de la difficulté ce qui évite de prendre parti.

A l'évidence, **nous préconisons l'attitude de l'exemple 2**, calme, polie, compréhensive sans excès. Pour arriver à cela quelques techniques peuvent s'avérer très utiles.

– **S'en tenir exclusivement aux faits** : pour éviter de prendre parti, il faut rester dans le domaine du concret. Le client est en retard parce qu'il n'a pas pu prendre le train en raison d'une grève. Tout commentaire à propos de la grève pourrait dériver vers une prise de position. Il est en revanche possible de faire allusion au fait que d'autres personnes sont dans le même cas, c'est le seul commentaire possible qui ne dérive pas du fait mis en cause.

Cette technique est très importante dans le contexte des **services après-vente**, nous en avons vu l'application dans le procédé qui consiste à faire faire une **fiche explicative** du dysfonctionnement dont se plaint le client.

Quand on s'en tient exclusivement aux faits, on offre une image de pondération et de calme qui va dans le sens d'une relation plus sereine mieux adaptée à toute perspective de partenariat ou de fidélisation. Bien entendu, cela désamorce radicalement colère et frustration car les arguments du client sont entendus et admis.

– **Se centrer sur le client, et non sur soi** permet d'éviter de parler de sa propre expérience ce qui pourrait conduire à prendre parti. Si le client explique son problème et qu'on lui répond : « je comprends, cela m'est déjà arrivé, il n'y a pas de quoi être content ! » ce type de phrase renforce le mécontentement car, à présent, le client a un allié, et donc se sent plus fort, d'autant qu'il s'agit d'une personne appartenant au camp adverse ! Si un client exprime son mécontentement, il ne faut pas l'encourager dans ce sentiment en mettant en avant notre propre expérience, mais dans l'énonciation des faits comme nous le conseillons plus haut. De plus, dans d'autres contextes, il est maladroit de parler de soi au lieu de se centrer sur le client, notamment lorsque celui-ci exprime un souci ou une plainte, il est en effet tellement occupé par son problème personnel qu'il se rend imperméable à ceux des autres.

– **Explorer convenablement le problème.** Il est nécessaire d'aider la personne à expliquer complètement sa difficulté. Pour ce faire, on dispose de questions qu'il convient d'utiliser d'une part pour constituer une description cohérente et compréhensible du problème, d'autre part pour montrer au client qu'on prend au sérieux ses difficultés. Des questions telles que les suivantes peuvent se révéler très utiles car elles s'adaptent à toutes sortes de contextes.

– *Expliquez-moi ce qui se passe ?*

– *À quel moment cela arrive ?*

– *Comment cela est-il arrivé ?*

– *Qu'est-ce qui ne fonctionne pas précisément ?*

– *Selon vous, quelle serait la cause de ce problème ?*

7

●

Éviter les pièges

Pour réaliser un accueil de qualité, il importe de détecter les possibilités de mauvais fonctionnement pour intervenir en temps utile. Rappelons que l'accueil est une phase de découverte, autant pour le visiteur que pour les personnes occupant le site qu'il visite. Ce dernier doit se présenter, dire qui il est (selon les cas) et ce qu'il veut (dans tous les cas). La personne chargée de l'accueil doit montrer l'image du contexte qu'elle représente et informer le visiteur à propos de sa démarche. Ces deux points constituent le contenu de l'entrevue, et, selon les contextes, il peuvent prendre quelques secondes ou de longues minutes ! Au détour de la conversation se cachent des pièges dangereux mais évitables que nous allons explorer dès à présent.

1 - La dépersonnalisation

Bien que la durée de la phase d'accueil favorise ou non la personnalisation de la relation, il apparaît très facile de la dépersonnaliser : quelques techniques simples le permettent. Refuser le contact visuel avec le visiteur est un excellent moyen, qu'on complète en lui parlant sans lui accorder la moindre attention, ou encore en continuant une intéressante conversation avec un collègue de travail. Chaque fois qu'on agit machinalement en faisant comme si on ignorait la présence du client, on aboutit à une dépersonnalisation de la relation. D'autres moyens se rencontrent également qui consistent à réduire l'identité de la personne à un numéro, ou à un cas. Le respect de l'anonymat ou de l'identité de la personne ne demande pas qu'on la traite comme une série de chiffres. Certaines personnes chargées d'accueil ont tendance à confondre la manière dont elles traitent les dossiers avec celle pour accueillir les gens !

La dépersonnalisation de la relation a des effets dévalorisants pour chacun, tant au niveau de l'accueil qu'à celui du visiteur. Ce dernier ne se sent pas considéré en tant qu'individu, il conçoit généralement un sentiment de frustration, et peut développer une attitude sinon agressive du moins peu coopérante.

Bien que plus la durée de l'accueil soit brève plus il soit difficile de personnaliser la relation, il demeure possible d'appliquer les conseils ci-dessous en toute circonstances.

Pour éviter de dépersonnaliser la relation, il existe des moyens faciles à appliquer :

– Établir un **contact visuel** avec son interlocuteur.

– **Être présent dans l'entretien.**

Ces moyens s'utilisent à bon escient dans tous les contextes, ensuite, il en existe d'autres qu'il s'agit d'adapter plus précisément à la situation et à ses objectifs. D'une façon très générale, plus on porte attention à la personne et plus on obtient un effet positif en évitant qu'elle se sente ignorée ou dépossédée de son individualité.

2 – La standardisation et l'utilisation exagérée de formalismes

Dans la même catégorie de pièges, on trouve la standardisation et l'excès de formalisme. Pour ces derniers, il faut reconnaître l'implication des routines et les exigences éventuelles du fonctionnement du service. Si l'on demande au poste d'accueil d'établir une fiche pour chaque visiteur, il est évident que cette tâche peut devenir fastidieuse et donner lieu à des attitudes très standardisées. Nous avons vu dans plusieurs exemples comment l'**excès de formalisme masque parfois des incompétences**, la personne établit une fiche à chaque visite, même si le visiteur est déjà venu et a déjà répondu aux questions pour le fichier.

Quelque fois, un grain de sable met le dispositif en difficulté. Le visiteur ne fournit pas un renseignement qu'il est prévu de demander, et la procédure de la formalité se trouve rendue plus difficile, voire impossible.

Certaines formalités sont nécessaires et doivent être effectuées avec le plus grand soin, d'autres pourraient certainement bénéficier d'allègements ou d'adaptation. L'ordinateur qui pourrait faciliter la tâche de certains services, semble au contraire compliquer les choses, et de nombreuses structures cherchent à mettre à profit les possibilités de l'outil ce qui donne lieu à de fastidieux formalismes.

De plus, le poste d'accueil n'est pas toujours approprié à la réalisation de certaines formalités, notamment s'il utilise un guichet. Dans l'idéal, la phase d'accueil devrait être courte, or, plus on demande à l'accueil d'accomplir diverses tâches et formalités, plus la durée s'accroît, et plus on s'éloigne des objectifs d'un accueil.

Pour éviter de tomber dans un excès de formalisme, les remèdes sont plus complexes, il faudrait en effet arriver à porter un regard critique sur les procédures mises en œuvre lors de la phase d'accueil et, éventuellement, redéfinir objectifs et missions du poste. Sans en arriver là, une meilleure autonomie, une plus forte responsabilité, la formation nécessaire de la personne chargée de l'accueil jouent un rôle très positif. Mieux formée, plus responsable, elle peut prendre des décisions et choisir l'attitude la plus appropriée pour traiter chaque demande.

3 – La responsabilité de l'erreur ou du problème rejetée sur l'interlocuteur

Un des travers les plus répandus dans toute relation, professionnelle ou non d'ailleurs, consiste à rejeter la responsabilité d'un problème sur l'autre. Bien entendu, les services d'accueil n'échappent pas à ce piège pourtant assez facile à éviter.
Si l'accueil effectue certaines formalités, le visiteur ou le

client doit fournir des renseignements, des papiers, etc... Or, il apparaît que beaucoup de gens ont horreur de ce qu'ils nomment « paperasse » et qui englobe tous les documents écrits sur des supports papiers qu'ils doivent montrer, signer, archiver, faire certifier, tamponner, etc... Un bon nombre de problèmes, de retards proviennent du fait que les usagers ne fournissent pas les bons papiers au bon moment et au service compétent. Or, il est très facile quand on reçoit un dossier incomplet de le refermer et le rendre au client en disant :

– *Je suis désolée, mais, vous avez omis de joindre une attestation de la sous-bouffonerie générale, et sa copie certifiée conforme pour la Supercherie régionale. Je ne peux rien faire dans ces conditions, Attention, passé le délai, vous ne pourrez prétendre à l'allocation, et vous perdrez vos droits !*

Ce genre de discours produit des effets très désagréables, en général, la personne cherche à se justifier en disant qu'elle n'était pas informée, et dans tous les cas elle se sent fautive.

Autre exemple, particulièrement fréquent :

– *Votre cafetière ne marche pas parce que vous ne mettez pas d'eau dedans. Vous avez fini par brûler le capteur ! Il faut lire le mode d'emploi !*

Cette phrase n'est qu'un tissu de reproches et le client auquel elle s'adresse peut à juste titre se sentir coupable, il a causé lui-même tous les problèmes !
Et pour couronner le tout :

– *On ne peut pas vous rembourser, vous n'avez pas souscrit l'assurance spéciale.*

– *Mais je suis assuré !*

– *Sans doute, mais, pour ce problème il faut une assurance spéciale, regardez, c'est inscrit là, sur votre facture. Je suis désolé, je ne peux rien faire !*

Là encore, le client a de quoi se faire des reproches, son interlocuteur, lui montre sa bonne volonté en lui faisant voir de plus près son erreur.

Un vieil adage prétend que le client a toujours raison, et, s'il ne faut pas appliquer cela à la lettre, il n'empêche qu'on peut retenir d'éviter de culpabiliser les clients. Personne n'apprécie qu'on lui fasse des reproches ou qu'on l'accuse d'être la cause de problèmes. Même si une erreur est commise, il demeure possible de le faire remarquer poliment ce qui permet à terme de maintenir la relation dans un contexte plus positif car plus serein. Le pire qu'on puisse faire dans ce registre consiste à souligner l'erreur d'un client devant d'autres personnes, l'effet culpabilisant en est décuplé et l'on est sûr de perdre le client.

Nous allons donc résumer par quelques exemples l'attitude à observer face à de tels problèmes.

En cas de manque de papiers ou de pièces justificatives on peut dire :

– *Il me faut le certificat de la Sous-Bouffonerie pour compléter le dossier, pouvez-vous me l'apporter la semaine prochaine ?*

En cas de dysfonctionnement d'un appareil on revient toujours aux faits :

© Éditions d'Organisation

– Expliquez-moi ce qui se passe quand vous l'utilisez !

En cas de refus de remboursement, il faut revenir au contrat et énoncer la clause :

– Le contrat ne prévoit pas le remboursement en cas d'annulation dans un délai de moins d'une semaine.

Pour ce dernier cas, il est vrai que très peu de gens lisent attentivement toutes les clauses d'un contrat, qu'il serait utile de les porter verbalement à leur connaissance avant la signature afin d'éviter les contestations ultérieures.

En conclusion, plus nous adoptons une attitude positive face à notre interlocuteur et plus il se montre coopérant ce qui vient servir les objectifs de chacun.

Nous n'évoquerons aucun piège lié au comportement du visiteur ou du client bien que certains soient souvent évoqués au cours de séminaires, la formation spécifique à l'accueil permet de gérer toutes ces difficultés qui en fait ne requièrent en majeure partie qu'un peu d'intuition et d'amabilité. La cas le plus fréquemment soumis est celui du bavard dont on ne sait plus comment se débarrasser. Notre réponse revient aux faits : si le bavardage est devenu un problème c'est qu'on l'a laissé s'installer, on ne bavarde pas tout seul, il faut au moins être deux ! A partir de ce constat, nous possédons au moins deux solutions : l'une préventive consiste à ne pas laisser s'instaurer de bavardage, l'autre curative consiste à demander au bavard de prendre congé à cause d'une bonne raison qu'on aura dû trouver !

4 - Trop poli pour être honnête ou les dangers d'une trop grande technicité

La vente par correspondance connaît un fort développement, le client choisit sur catalogue ou sur un autre média puis commande par téléphone. Certains produits sont vendus surtout par téléphone : abonnement à un réseau GSM, accès à l'Internet par exemple. Dans de tels cas, c'est généralement le client qui appelle et rencontre un télévendeur. L'accueil au téléphone fait l'objet d'une ritualisation souvent très poussée, le télévendeur est devenu un technicien de la vente, et, hélas de la relation. Tout ce qu'il dit semble très bien, mais cela sonne faux ! Trop poli pour être honnête.

Certains indices révèlent une utilisation excessive et mal à propos des techniques de vente, notamment :

– l'utilisation systématique du nom de la personne. En effet, dans une relation normale entre un client et un vendeur, ce dernier ne nomme son client que dans les cas suivants : la relation n'est pas toute nouvelle mais il y a déjà un certain degré de fidélisation, le fait d'utiliser le nom du client représente alors une marque de reconnaissance de la part du vendeur qui lui fait savoir ainsi qu'il le distingue des autres clients. Le vendeur n'utilise également le nom du client que pour saluer ou prendre congé ainsi que pour insister sur un point important lors de l'entretien. Il donne plus de poids à un argument en l'associant au nom du client qui de la sorte se sent plus concerné.

- Le parler trop facile et trop rapide donne l'impression que le vendeur utilise un discours pré-établi et ne tient aucun compte de ce que dit le client. Parfois, au téléphone, la voix du vendeur évoque la voix artificielle des messageries vocales et autres répondeurs, quoiqu'il arrive, rien ne vient perturber ce ton uniforme, commercialement correct ! C'est notamment le cas des services d'assistance techniques par téléphone : le client énonce son problème, parfois grave et s'entend répondre : « Très bien Monsieur Colvert, nous allons arranger cela. Dites-moi Monsieur Colvert, est-ce que votre ordinateur est branché sur le secteur ? Très bien ! Monsieur Colvert, essayez de le faire redémarrer avec la touche X, la souris et le petit bouton situé derrière l'appareil ! Vous recevez une décharge électrique ! Très bien Monsieur Colvert, pouvez-vous essayer à nouveau ? Non ? Dans ce cas, Monsieur Colvert il vous suffit de nous renvoyer l'appareil, il sera examiné par nos techniciens, dans un délai d'une semaine, vous saurez s'il est réparable ! D'accord Monsieur Colvert ? Très bien Monsieur Colvert, au-revoir ! »

Manifestement, le « conseiller technique » semble utiliser un formulaire bien rodé, qui décrit des étapes et permet d'aller vite en besogne, il ne s'intéresse pas à son interlocuteur et le fait d'utiliser systématiquement le nom de ce dernier renforce l'impression de dépersonnalisation de la relation. C'est un comble car on aboutit à l'inverse de l'effet recherché !

Ces comportements résultent en général d'un souci d'efficacité porté à l'extrême, le bavardage coûte cher et tous les moyens sont bons pour le supprimer : guides d'entretien, questionnaires pré-établi, argumentaires appris par cœur :

le télévendeur parle beaucoup, écoute peu, pose beaucoup de questions très précises, parfois indiscrètes. Avec un peu d'imagination, on l'imagine très bien, les yeux rivés sur l'écran de son ordinateur en train de saisir les réponses du client pour remplir une fiche. Ainsi, tous les renseignements que donne le client sont consignés dans son dossier, le ton du vendeur est volontairement chaleureux et convivial, mais la démarche demeure parfaitement inquisitrice et c'est précisément cela que ressent le client et qui éveille sa méfiance.

8

●

Adopter les comportements efficaces

Nous avons pu à travers les exemples de la première partie et les résumés de la seconde nous faire une idée des comportements efficaces à mettre en œuvre dans le processus d'accueil. À présent, nous allons en retenir quelques uns et donner les moyens de les appliquer.

1 - Le sourire

Une personne souriante est toujours plus attirante qu'une revêche et renfrognée. Peu de gens le savent, mais il est moins fatigant de sourire que de faire triste figure. Cela provient essentiellement du fait que les personnes souriantes sont plus à l'aise et mieux dans leur peau que celles qui font grise mine.

Hélas, on traverse parfois des moments difficiles, la fatigue, le manque de soleil, la routine, les soucis forment un fardeau de problèmes qui inscrit un masque de tristesse sur sa physionomie. Or, une observation attentive montre que le sourire ne dépend pas seulement de conditions extérieures, mais aussi et surtout de la manière dont on prend et accepte les événements de la vie. Certaines personnes font preuve d'un optimisme inébranlable, et, même dans des circonstances difficiles, parviennent à trouver des éléments positifs, ou à interpréter leur expérience de façon à en tirer un bénéfice. Ce type d'attitude face à la vie se manifeste par un comportement détendu et souriant, et une confiance globale envers le monde extérieur et ses habitants.

Dans l'idéal, de telles personnes peuvent assumer avec talent les postes de travail en rapport avec le public, accueil, information, mais aussi les relations commerciales. Y a-t-il des méthodes pour demeurer serein et d'humeur agréable ? Certainement, toutefois, l'assurance de leur réussite passe par une totale motivation. On peut retenir quelques conseils :

– **Bien séparer sa vie privée et sa vie professionnelle** permet de ne contaminer aucun contexte par les soucis ou difficultés de l'autre. Cela demande un peu de volonté, mais les bénéfices sont très importants. On y gagne en tranquillité d'esprit et on offre à son entourage une meilleure qualité de présence. Quand on est entièrement présent dans la tâche entreprise, celle-ci s'effectue plus facilement et donne de meilleurs résultats.

– **Toujours privilégier le bon côté des choses**, permet également d'améliorer ses performances, de stimuler son imagination et sa créativité. En outre, il s'agit d'une attitude beaucoup plus économique et moins fatigante que le pessimisme obstiné. Si l'on considère que chaque difficulté rencontrée représente une occasion d'apprendre à devenir plus prévoyant, plus exigeant, plus volontaire, on ne peut que mieux les accepter. On ne progresse jamais dans la facilité, les défis sont indispensables. Or, la plupart des gens se contentent de routines, finissent par s'ennuyer et sombrent dans la déprime, prétextant la masse de difficultés ; c'est toutefois le manque de défis stimulants le principal responsable de cet état de choses.

– **Traiter les difficultés les unes après les autres, par ordre de priorité** permet de rester calme et de garder le sourire. Dès l'instant où l'on essaie de tout faire en même temps, on laisse le champ libre au stress et à l'inquiétude. Personne ne peut être partout à la fois et encore moins traiter simultanément un grand nombre de problèmes.

– **Prendre du recul et cultiver le sens de l'humour** sont d'autres ressources indispensables. Il y a toujours une occasion de rire ou de sourire dans la journée : des situations cocasses ou ridicules dont on peut plaisanter, des mésaventures auxquelles on a assisté ou qu'on a vécues. On peut toujours arriver à trouver un sujet qui se prête à une lecture plaisante, il suffit pour s'en convaincre de regarder les dessins humoristiques dans la presse quotidienne, l'artiste parvient chaque jour à souligner un trait irrésistible dans l'actualité, même la plus sombre !

L'attitude souriante doit être entretenue par ces quelques conseils, mais aussi et surtout par des recettes personnelles qu'on met au point au fil de l'expérience.

2 - La qualité de l'attention portée au client

Cette attitude souriante et détendue améliore la qualité de l'attention portée au client ou au visiteur ce qui s'avère un indice de qualité des plus importants pour l'accueil. C'est en effet en étant totalement présent dans la relation qu'on offre la meilleure qualité d'attention, il s'agit de se centrer sur l'interlocuteur de façon à prendre en charge sa demande sans la moindre ambiguïté.

Cette qualité d'attention et de présence passe essentiellement par l'**acceptation du contact visuel**. Rien n'est plus désagréable que d'être « accueilli » par une personne qui n'accorde pas un regard et reste par exemple les yeux rivés à l'écran de son ordinateur en posant des questions stéréotypées et tapant les réponses sur son clavier. Dans notre culture, la relation entre deux personnes passe par un échange de regards, celui-ci indique que chacun est présent dans l'interaction en cours. Inversement, quelqu'un qui écoute sans regarder de temps à autre son interlocuteur est perçu comme distrait, pas concerné, ou souhaitant se soustraire au dialogue.

Le contact visuel naturel se fait par petites touches, une personne s'exprime, l'autre approuve ou désapprouve en ponctuant la conversation de gestes et de regards, et vice-versa. Pour avoir le sentiment d'être reconnu, identifié comme un interlocuteur à part entière, nous avons besoin de la présence effective et de l'attention de l'autre. Dans le cas contraire, nous avons l'impression que nous ne comptons pas, que notre présence et notre demande sont vécues comme une corvée par la personne qui nous accueille.

3 - Le respect et l'écoute

Le respect et l'écoute de l'autre complètent cette notion de qualité de l'attention. Pour transmettre ces messages, il est nécessaire d'observer quelques règles :

– **S'abstenir de commenter les propos de l'interlocuteur.** Pour qu'une personne se sente respectée et écoutée, il ne faut pas donner son avis lorsqu'elle exprime quelque chose, encore moins parler de sa propre expérience, même si l'on a vécu des expériences similaires à la sienne. Observons les deux exemples suivants :

Exemple 1

– *Pour aller à Laplume sur Mer, faut-il mieux prévoir le train ou la voiture ?*

– *Moi, à votre place, je prendrai l'avion et louerai une voiture sur place !*

– *Cela va me coûter plus cher que le train !*

– *Vous gagnerez du temps ! Enfin, vous faites ce que vous voulez, mais pour moi c'est ce qu'il y a de mieux...*

– *J'aimerai quand même comparer les prix.*

– *Vous avez les fiches horaires et les tarifs sur le présentoir à gauche, à vous de voir !*

Exemple 2

– *Pour aller à Laplume sur mer, faut-il prévoir le train ou la voiture ?*

– *Combien de temps allez-vous séjourner à Laplume ?*

– *Trois semaines, nous y allons en vacances, j'ai loué une villa.*

– *Aurez-vous beaucoup de bagages ?*

– *J'en ai peur, et en plus, les enfants veulent prendre leurs vélos !*

– *Voulez-vous qu'on calcule les coûts de chaque option ?*

Dans le **premier exemple**, la personne chargée de l'accueil se contente de donner son avis, elle commet une maladresse, car le visiteur ne le lui a pas demandé, dans le **second exemple**, la demande du touriste est prise en charge par des questions qui informent bien la personne de l'accueil, puis suivie d'une proposition. En procédant ainsi, la personne de l'accueil ne donne pas son avis, mais aide le touriste à rassembler toutes les données de la question, les avantages et les inconvénients de chaque option.

En conséquence, elle l'amène tout naturellement à trouver tout seul la meilleure solution pour lui.

Il est très important que le client ait le sentiment de faire lui-même son choix, il y va de sa satisfaction : en effet, s'il avait un motif de mécontentement, ce dernier apparaîtrait encore plus fort s'il pouvait en attribuer la responsabilité à une personne extérieure. Quand on fait un choix qu'on regrette, on a tendance à se trouver des excuses car on n'aime pas généralement reconnaître qu'on s'est trompé, il n'en demeure pas moins qu'on ne peut attribuer qu'à soi-même la responsabilité d'un mauvais choix. La leçon tirée de cette expérience n'en sera que plus forte ! Quand un client attribue la responsabilité d'un mauvais choix à une personne extérieure, conseiller ou vendeur, cela met à mal la qualité de la relation, et conduit le plus souvent à détruire la fidélité.

L'**exemple 2** donne les indications nécessaires pour mettre en œuvre **respect et écoute** de l'autre. Pour y arriver, il suffit de centrer son attention sur l'interlocuteur, ce qui permet de poser les questions nécessaires pour bien s'informer, puis le conduire vers un choix convenable.

Il faut se souvenir en effet que les personnes chargées d'accueillir visiteurs, touristes, clients, usagers ne sont pas là pour choisir à leur place, mais pour les aider dans leur demande qu'il s'agisse d'un renseignement ou d'une formalité.

Cette précaution conduit tout naturellement à redéfinir de temps à autre les missions dont on investit la personne chargée de l'accueil.

4 - Le conseil avisé

Bien sûr, un conseil avisé sera un « plus » apprécié par le client, à condition toutefois qu'il se situe parfaitement dans les limites des compétences de l'accueil. D'autre part, un conseil ne consiste pas non plus à donner son avis comme nous l'avons fait remarquer plus haut.

Seule, une information claire et de bonne qualité peut faire office de conseil. En effet on ne prend les meilleures décisions qu'en disposant des informations nécessaires.

C'est pourquoi, si un client demande un conseil, la meilleure réponse consiste à lui fournir de l'information, ou encore les moyens de se la procurer. Il est vrai toutefois que certaines informations vont être très appréciées, notamment celles qui permettent d'obtenir de moindres coûts sur un objet ou une prestation, ou encore de gagner du temps.

Pour que le conseil soit vraiment apprécié, il doit s'adapter parfaitement à la demande et apporter une aide réelle à la personne.

Conclusion

Les observations, les enseignements apportés permettent d'emblée de mieux comprendre les situations d'accueil et leurs caractères spécifiques. Bien entendu, tous les cas d'accueil ne figurent pas dans ce livre, en raison même de leurs particularités. En conclusion, nous souhaitons rappeler que les enjeux et les bénéfices d'un accueil de qualité nécessitent d'y porter le soin et l'attention nécessaires. Cela passe par l'élaboration d'une organisation spécifique au type d'accueil qu'on souhaite mettre en œuvre, ainsi que par la formation des personnes chargées de cette mission.

Il existe des formations à l'accueil applicables à tout contexte et d'autres plus spécifiques, destinées à répondre aux besoins d'une situation d'accueil en particulier. La plupart des organismes de formation mettent à leur catalogue ce type de formation parallèlement ou conjointement à d'autres enseignements tels que les techniques de vente et le développement personnel. L'accueil réunit en effet plusieurs aspects de la relation commerciale et une bonne formation en ce sens ne saurait faire l'économie d'une démarche de développement personnel même succincte. Il est indispensable de réfléchir et d'observer ce que l'on fait pour mieux se connaître et entrer en contact et non en collision avec les autres ! Tout ce qui va dans le sens d'une formation à une meilleure connaissance de soi et à une meilleure gestion des relations humaines ne peut que valoriser la qualité de l'accueil. Bien entendu, rien ne remplace « l'effet formation » d'un séminaire qui crée une rupture dans les routines du quotidien, ouvre une parenthèse, permet de prendre du recul, d'intégrer de nouvelles informations ou de nouvelles attitudes et surtout d'échanger son vécu et ses expériences dans le cadre d'un groupe. Enfin, le livre, le document de stage, les notes personnelles du participant viennent prolonger les bénéfices du stage de formation. Quand on ne peut y participer, on trouvera utile de se référer à un support écrit, dans lequel figurent des informations valables dans la majorité des situations.

Un accueil bien conduit nous aide à transmettre une image valorisée, établir un contact positif, répondre efficacement à la demande, fidéliser le client ou le visiteur, c'est la première étape de toute relation humaine.

www.ingramcontent.com/pod-product-compliance
Lightning Source LLC
Chambersburg PA
CBHW032328210326
41518CB00041B/1616